Wahres Leben

Ulrich H. J. Körtner

Wahres Leben

Christsein auf evangelisch

EVANGELISCHE VERLAGSANSTALT
Leipzig

Bibliographische Information der Deutschen Nationalbibliothek
Die Deutsche Nationalbibliothek verzeichnet diese Publikation in der Deutschen Nationalbibliographie; detaillierte bibliographische Daten sind im Internet über http://dnb.dnb.de abrufbar.

2., korr. Auflage 2023

Printed in Germany

Das Buch wurde auf alterungsbeständigem Papier gedruckt.

Cover: Anja Haß, Leipzig
Coverbild: Royal Botanic Gardens, Kew, London
(Foto: Ulrich H. J. Körtner)
Satz: Steffi Glauche, Leipzig
Druck und Binden: CPI books GmbH

ISBN 978-3-374-06912-5 // eISBN (PDF) 978-3-374-06913-2
ISBN (E-Pub/Mobi) 978-3-374-06914-9
www.eva-leipzig.de

Vorwort

Albert Einstein soll einmal gesagt haben, man solle alles so einfach wie möglich erklären – aber nicht einfacher. In diesem Sinne möchte das vorliegende Büchlein auf elementare Weise erklären, was christlicher Glaube und Christsein heute sind. Genauer: Was es heißt, im evangelischen Sinne Christ zu sein. Dabei orientiere ich mich an Grundbegriffen und Grundtexten der christlichen Tradition, die im Anhang zusammengestellt sind. Es handelt sich um zentrale Abschnitte aus dem Alten und Neuen Testament, darunter die Zehn Gebote, der 23. Psalm und das Vaterunser, sowie das Apostolische Glaubensbekenntnis, auf die im fortlaufenden Text verwiesen wird.

Die Idee zu diesem Buch hatte Annette Weidhas. Ich danke ihr für unsere intensiven und anregenden Gespräche wie auch für die hilfreiche und kritische Begleitung von den ersten Entwürfen bis zur Veröffentlichung. Christoph und Ulrike Schneider-Harpprecht haben eine erste Fassung des Manuskriptes gelesen und wertvolle Anregungen gegeben. Für diesen Freundschaftsdienst sage ich herzlich Dank. Hilfreiche Verbesserungsvorschläge verdanke ich auch meiner Enkelin Anna Sophie Haschke sowie meiner Tochter Kerstin Julia Körtner, die den Text mit dem kritischen Blick einer Religions- und Deutschlehrerin gelesen hat. Paula Budde, Stephanie Faugel, Stefan Haider, Elise-Edith Tebel und Christine Voß haben das Manuskript Korrektur gelesen. Dafür sei Ihnen herzlich gedankt.

Wien, Ostern 2021 Ulrich H. J. Körtner

Inhalt

Vom richtigen Leben im falschen oder: Christsein auf evangelisch

Menschen suchen nach Glück und nach unverfälschtem, authentischem Leben. In Selbstverwirklichung und Selbstentfaltung soll das Glück zu finden sein. Der kanadische Philosoph Charles Taylor charakterisiert unsere Gegenwart als »Zeitalter der Authentizität«. »Sei du selbst!« lautet der Imperativ in Gesellschaft und Kultur. Jedermann ist seines Glückes Schmied, sofern es gelingt, sich nicht nur selbst zu verwirklichen, sondern zugleich auch noch zu optimieren. Es genügt nicht, mit sich selbst identisch zu sein, also mit sich selbst im Reinen und zufrieden zu sein, sondern das wahre Ich ist eine beständige Baustelle. Dabei können Enttäuschungen nicht ausbleiben. Die angestrebten Glücksmomente lassen sich nicht auf Dauer stellen. Sie werden zudem durch negative Gefühle wie Versagensängste, Trauer, Wut und Neid unterlaufen, und das *Empowerment* zur beständigen Selbstoptimierung endet im erschöpften, von sich selbst enttäuschten Selbst. Die Suche nach dem authentischen Leben endet beim »erschöpften Selbst« (Alain Ehrenberg). Charakteristisch für das Subjekt unserer Epochen sind, wie der Soziologe Andreas Reckwitz schreibt, »Risiken der Überforderung und Überanstrengung«, außerdem »Erschöpfungskrankheiten wie Depression und Burn-out sowie psychosomatische Störungen«. Das Streben nach Glück vermehrt so das Unglück.

Kann es das überhaupt geben: wahres Leben, das sich nicht nur gut und richtig anfühlt, sondern gut und richtig ist? Ein sinnerfülltes Leben mit Tiefgang statt bloßer Oberflächlichkeit, frei von jeglicher Lebenslüge, mit der wir uns und andere um das Leben betrügen. Ein Leben, in dem jemand nicht am Leben vorbeigeht, wie man so sagt, ein Leben, das zu leben sich lohnt. Oder muss das wahre Leben ein schöner Traum, eine Illusion bleiben, weil es nun einmal kein richtiges Leben im falschen gibt, wie der Philosoph Theodor W. Adorno (1903–1969) gesagt hat? Adorno war gemeinsam mit Max Horkheimer der Begründer der Kritischen Theorie und der Frankfurter Schule mit dem Institut für Sozialforschung als ihrem Zentrum. Das »ganz Falsche« war für den Marxisten Adorno die alle Lebensbereiche durchdringende und beherrschende spätkapitalistische Industriegesellschaft. Authentisches, heiles Leben sei in ihr ausgeschlossen. Alles Leben sei beschädigt. Kann es tatsächlich kein richtiges im falschen Leben geben, weil die Welt im Ganzen und die Existenz jedes einzelnen Menschen von inneren Widersprüchen zerrissen und das Ganze nicht das Wahre, sondern das Unwahre ist?

Wahres Leben, richtiges im falschen, ist eine Sache des Glaubens, der Liebe und der Hoffnung. Glaube, Liebe und Hoffnung können Menschen aus der platten Diesseitigkeit befreien. Wer aus der Hoffnung lebt, sieht weiter als Menschen ohne Hoffnung. Wer aus der Liebe lebt, sieht tiefer als Menschen, die stets aus kühler Berechnung handeln und die Gabe des Lebens mit einer Ware verwechseln. Wer aus dem Glauben lebt, sieht die Welt, seine Mitmenschen und sich selbst in einem neuen Licht. Glaube ist Möglichkeitssinn, ein Sinn für das Mögliche. Er steht nicht im Gegensatz zum Wirklichkeitssinn, sondern verändert diesen, indem die Wirklichkeit in den Raum des Möglichen versetzt wird. Ob aber das Leben wahr oder unwahr, richtig oder falsch ist, hängt davon ab, *was* oder *an wen* man glaubt, *was* oder *wen* man liebt, *was* oder *worauf* man hofft.

Darum geht es in dieser Einführung, die fragt: Woran genau glauben Christen? Worauf setzen sie im Leben und im Sterben ihr Vertrauen? Worin gründet ihre Zuversicht? Was bedeutet Liebe für sie, und was zeichnet aus christlicher Sicht eine von Glaube, Liebe und Hoffnung bestimmte Lebensführung aus?

Christen glauben, dass es richtiges Leben im falschen gibt. Sie sind überzeugt und gewiss, dass solches Leben im Glauben an Jesus von Nazareth zu finden ist, der ganz in der Wahrheit und aus der Wahrheit gelebt hat. Mehr noch: dass Jesus das wahre Leben, der Weg dorthin und die Wahrheit in Person ist.

Der evangelische Theologe Dietrich Bonhoeffer (1906–1945) schrieb einmal: »Wir meinen, weil dieser oder jener Mensch lebe, habe es auch für uns einen Sinn zu leben. In Wahrheit aber ist es doch so: Wenn die Erde gewürdigt wurde, den Menschen Jesus Christus zu tragen, wenn ein Mensch wie Jesus gelebt hat, dann und nur dann hat es für uns Menschen einen Sinn zu leben. Hätte Jesus nicht gelebt, dann wäre unser Leben trotz aller anderen Menschen, die wir kennen, verehren und lieben, sinnlos.«

Christlicher Glaube unterscheidet sich von allen sonstigen Formen von Religion oder Spiritualität durch das Bekenntnis zu Jesus Christus als Quelle wahren Lebens. Eben darum wurden und werden die an ihn Glaubenden Christen genannt. Nicht eine vage Transzendenzsuche oder Gottoffenheit, sondern das Christusbekenntnis ist der entscheidende »Marker«, an dem das Label »Christentum« auf dem Markt der religiösen Möglichkeiten und Unmöglichkeiten erkannt wird.

Jesus von Nazareth, seine Worte und sein Lebensweg nehmen im Glauben und Leben von Christen eine Schlüsselstellung ein, weil sie davon überzeugt sind, dass Menschen durch ihn auf einzigartige Weise einen Zugang zu Gott finden. In Jesu Worten und Taten, seinem Lebensweg und seiner Hingabe, seinem Tod und seiner Auferstehung zeigt sich Gott als die alles bestimmende Wirklichkeit der Liebe und als Grund allen Daseins.

Aber wer oder was ist Gott? Existiert er überhaupt? Und wenn ja, wie? Das bleibt strittig. Schon die Bibel weiß: Niemand hat Gott je gesehen (Johannes 1,18). Jesus von Nazareth hat diesen Gott aber nicht nur verkündigt, sondern in seiner eigenen Person und Existenz sichtbar gemacht. Wer ihn und die Zeichen seiner Gegenwart sieht, der sieht Gott selbst – den Gott, der uns nahe ist und sich zugleich entzieht, so wie der auferstandene Christus, der sich seinen Jüngern zeigt und dann entschwindet.

Die Rede von Gott ist für Christen zentral und unaufgebbar, weil sie in der Spur Jesu von Nazareth nicht nur das menschliche Dasein und die Welt im Ganzen, sondern auch ihren Glauben, ihre Hoffnung und die Liebe als Gabe verstehen, die sich der bedingungslosen Gnade und Güte Gottes verdankt. Der Apostel Paulus hat diese Grundüberzeugung auf den Punkt gebracht: »Was hast du, das du nicht empfangen hast?« (1. Korinther 4,7)

So lässt sich auf den Punkt bringen, was christlichen Glauben nach evangelischem Verständnis ausmacht: den von Jesus von Nazareth bezeugten Gott, im Leben wie im Sterben über alle Dinge zu fürchten, zu lieben und ihm zu vertrauen.

Evangelisch ist dabei nicht auf die Konfessionsbezeichnung evangelischer Kirchen zu reduzieren, sondern in erster Linie als inhaltliche Bestimmung des Christseins gemeint. Evangelisch ist alles, was dem neutestamentlichen Evangelium von Jesus Christus entspricht. So verstanden kann es viel Evangelisches in allen Kirchen geben, nicht zuletzt in der römisch-katholischen Kirche, während in evangelischen Kirchen bisweilen recht unevangelische Überzeugungen zu finden sind. Zum Beispiel, wenn das biblische Christuszeugnis auf ein Moralprogramm reduziert wird, das den Zuspruch der göttlichen Gnade mit der ethischen Forderung seiner Gebote verwechselt. Natürlich sind auch nach evangelischem Verständnis die Gebote zur Geltung zu bringen, aber wirklich frei wird der Christ nur durch den Zuspruch der Vergebung.

Wir Menschen sind von Natur aus nicht die, die wir sein sollen. Wir leben nicht im Reinen mit uns selbst, mit anderen Menschen und auch nicht mit Gott, sondern im Widerspruch. Wir sind uns selbst im Innersten fremd, bisweilen sogar unheimlich. Die Entfremdung kann sich bis zur Feindschaft und zum Selbsthass steigern. Das beschränkt nicht nur unser Verhältnis zu uns selbst, sondern zieht auch die Beziehung zu anderen Menschen in Mitleidenschaft und wirkt sich in der Gesellschaft und in unserem Umgang mit der Natur destruktiv aus. So von uns selbst entfremdet, sind wir zugleich fern von Gott. Und darin liegt die Wurzel des falschen Lebens. Die Bibel gebraucht für die in uns wirksame destruktive Macht der Entfremdung den Begriff Sünde. So fremd vielen dieser Begriff auch geworden sein mag - wir brauchen ihn, um zu verstehen, was mit dem Evangelium gemeint ist.

Das Evangelium - auf Deutsch: die gute Nachricht - besagt: Es gibt ein richtiges Leben im falschen - aber auf Hoffnung hin. Richtiges, wahres Leben kann es nur geben, wenn wir mit Gott, aber auch mit uns selbst versöhnt werden. Genau das ist die Kernaussage des Evangeliums: Gott war in Christus und versöhnte die Welt mit sich selbst (2. Korinther 5,19).

Gott liebt uns bedingungslos und will, dass alle Menschen gerettet werden und zur Erkenntnis der Wahrheit kommen: der Wahrheit über sie selbst, die Welt und Gott. Die Wahrheit, so heißt es, wird uns frei machen. Sie macht uns frei vom Zwang, etwas aus uns selbst machen zu müssen, und befreit uns von der Angst vor Bedeutungslosigkeit, die in der modernen Gesellschaft grassiert.

Papst Johannes XXIII. (1881-1963) wird der Ausspruch zugeschrieben: »Gott weiß, dass ich da bin, das genügt mir, auch wenn sonst kein Hahn nach mir kräht.« Das ist freilich reine Glaubenssache - und gut evangelisch! Was es heißt, aufgrund dieser Zuversicht vertrauensvoll in Glaube, Liebe und Hoffnung zu leben, das soll nun genauer ausbuchstabiert werden.

Glaube

Wer nichts weiß, muss alles glauben, waren die beiden Physiker Werner Gruber und Heinz Oberhummer, der vor acht Jahren verstorben ist, sowie der Kabarettist Martin Puntigam überzeugt. Das Trio begründete 2007 die »Science-Busters«, die – mittlerweile in neuer Besetzung – mit ihren Bühnenprogrammen durch Österreich, Deutschland und die Schweiz touren. Glauben, so lautet eine gängige Redensart, heißt nicht wissen. Aber die Entgegensetzung von Glauben und Wissen ist ebenso vordergründig falsch wie hintergründig richtig. Zu fragen ist ja nicht nur, was »Glauben«, sondern auch, was »Wissen« heißt.

Im christlichen Sinne meint Glauben das bedingungslose Vertrauen auf Gott als den Grund unseres Lebens und des Seins der ganzen Welt. Glaube ist der biblische Begriff für Gewissheit. Die Gewissheit des Glaubens betrifft nicht unser Wissen über die objektiv beschreibbare Wirklichkeit, sondern die Frage nach dem Sinn, dem Grund und der Bestimmung dieser Wirklichkeit und unseres Daseins. Wir können auch sagen: Der Glaube betrifft das *Gewissen*, das um Schuld und Vergebung ringt. Er ist sich der Erlösung und bedingungslosen Annahme durch Gott gewiss.

Diese Gewissheit gibt durchaus etwas zu wissen und zu denken. Es gibt allerdings verschiedene Arten des Wissens: theoretisches Wissen, technisch-praktisches Wissen und religiöses Erlösungswissen. Wir können auch zwischen einem instrumentellen und einem Orientierungswissen unterscheiden. Werden diese unterschiedlichen Wissensformen nicht miteinander verwechselt und vermischt, entpuppt sich der Gegensatz zwischen Glauben und Wissen als Scheinkonflikt.

Die Kirchen haben diesen Scheinkonflikt freilich selbst dadurch gefördert, dass sie sich anfangs gegenüber den Kenntnissen der neuzeitlichen Natur- und Geschichtswissenschaft verschlossen haben. Die europäische Aufklärung hat dem Christentum einen Lernprozess abverlangt, der letztlich zu einem tieferen Verständnis des Glaubens geführt hat.

Auch eine in hohem Maße durch wissenschaftliche Erkenntnisse geprägte Gesellschaft ist auf Sinnstiftung angewiesen, welche die Wissenschaft nicht zu leisten vermag. Das ist das Paradox der modernen Wissensgesellschaft. Sie kann nicht ohne die Ressource Vertrauen bestehen und letztlich auch nicht ohne Hoffnung. Allerdings macht die Wissenschaft immer wieder Versprechungen und weckt Hoffnungen, die über die Grenzen des Wissbaren hinausreichen. Hier deutet sich an, dass auch das moderne Wissen auf Glauben angewiesen bleibt.

Bestes Beispiel ist die Ökonomie. Vieles auf den Finanzmärkten ist reine Glaubenssache. An den Börsen wird auf die Zukunft spekuliert. Aktienkurse sind keineswegs nur ein Index für zusammengetragene Informationen, sondern immer auch ein Indikator für Zukunftshoffnungen und -ängste. Der Wert des Geldes ist eine Frage des Vertrauens in den Staat, die Banken und die Währungshüter. Jeder Kredit ist buchstäblich eine Glaubenssache, kommt doch das Wort vom lateinischen »credo« (ich glaube). Die Kreditwürdigkeit eines Kunden ist nur bis zu einem gewissen Punkt objektiv kalkulierbar. Letztlich spielt immer auch die persönliche Vertrauenswürdigkeit des Kreditnehmers und die Vertrauensbereitschaft des Gläubigers eine Rolle. Zwischen Gläubiger und Gläubigem besteht eben eine innere Verwandtschaft.

Zwischen Glauben und Glauben gilt es freilich zu unterscheiden. Wir kennen den blinden Glauben, das blinde Vertrauen, das möglicherweise zu einem bösen Erwachen führt. Ein gläubiger Mensch muss noch lange keine leichtgläubige Person sein. Wer vertraut oder glaubt, hat dafür seine Gründe. So verhält es sich auch mit dem christlichen Glauben. Manche mögen auf ganz oberflächliche Weise an Gott glauben, oder ihr Glaube ist eine übernommene Konvention und erschöpft sich darin, eine bestehende Tradition zu pflegen. Manche bezeichnen sich in diesem Sinne als Kulturchristen, für die der christliche Glaube und seine Traditionen zwar zum kulturellen Erbe gehören, aber im persönlichen Leben keine bestimmende Kraft mehr sind. Es gibt aber auch einen starken und tief empfundenen Glauben, der auf persönlicher Erfahrung beruht. Es gibt eine gläubige Einfalt, die nicht mit Einfältigkeit zu verwechseln ist. Gläubige Menschen sind in der Regel keine Einfaltspinsel, und ein reflektierter und bewusst gelebter Glaube hat seine Gründe, über die er auch gedanklich Rechenschaft geben kann. Rational unumstößlich beweisbar wird er freilich nicht, Glaube und Vertrauen bleiben letztlich eine Frage der Herzensgewissheit.

Man könnte meinen, der Widerpart des Glaubens sei der Zweifel. Doch so einfach liegen die Dinge nicht. Der Zweifel kann ein Ausdruck fehlenden Glaubens sein. Er kann sich sogar bis zur Verzweiflung steigern, die im Leben keinerlei

Sinn sieht. Der dänische Philosoph Søren Kierkegaard (1813–1855) hat die unterschiedlichen Spielarten der Verzweiflung als Gestalten der Sünde beschrieben, wobei unter Sünde nicht ein moralisches Fehlverhalten, sondern ein Mangel an Gottvertrauen zu verstehen ist. Wir können auch sagen: Sünde ist Gottvergessenheit oder Blindheit für Gottes gütige Gegenwart. Der Zweifel kann aber auch ein Moment des Glaubens sein. Der Apostel Paulus fordert die Gläubigen auf, alles zu prüfen und das Gute zu behalten (1. Thessalonicher 5,21). Auch preist er die Gabe, die Geister zu unterscheiden (1. Korinther 12,10). Zum Glauben im biblischen Sinne gehört die Gabe der Kritikfähigkeit. Christlicher Glaube ist kritischer Glaube. Kritikfähigkeit aber besteht in der Fähigkeit zu fragen und das heißt, recht verstanden, in der Fähigkeit zu zweifeln.

Der Zweifel gehört auch insofern zum Glauben, als es nach biblischem Zeugnis keinen unzweifelhaften Glauben gibt. Der Glaube kann im Lauf des Lebens immer wieder zweifelhaft werden. Das hat Martin Luther (1483–1546) als Anfechtung bezeichnet und eindrucksvoll beschrieben. Gottes Gegenwart ist nicht immer unzweifelhaft gewiss, weil uns Gott oftmals verborgen ist. In solchen Momenten sehen sich gläubige Menschen auf die Probe gestellt, gegen allen Augenschein das Vertrauen auf Gott nicht zu verlieren. Die Anfechtung kann regelrecht zur Zerreißprobe werden zwischen dem, was die Bibel und die Glaubensgeschichte des Christentums bezeugen, und der eigenen Lebens- und Welterfahrung.

Allerdings steht die Gewissheit vor jedem Zweifel, wie schon der Philosoph Ludwig Wittgenstein (1889–1951) ausgeführt hat. Um etwas bezweifeln zu können, braucht es eine Grundlage, die man im selben Moment nicht in Zweifel zieht. Vor dem Zweifel steht das Vertrauen oder, wenn man so will, eine Form des Glaubens. Ohne Vertrauen oder, anders gesagt, ohne Glauben kann kein Mensch leben. Die Frage lautet nur, worauf ein Mensch im Leben und Sterben vertraut, zu wem oder wozu er Vertrauen fasst.

Martin Luther hat erklärt, worauf oder auf wen jemand sein ganzes Vertrauen setzt, das sei sein Gott - gleich, ob er für diesen letzten Anker im Leben das Wort Gott gebraucht oder nicht. So gesehen gibt es keinen Menschen, der nicht irgendeinen persönlichen Gott hat, und selbst die vermeintlich ganz und gar säkulare moderne Welt ist voll von Göttern. Außerdem zeigt sich: Gott - jeder Gott - ist eine Sache des Vertrauens, reine Glaubenssache.

Es macht aber einen großen Unterschied, welchen Gott man verehrt, sei es den Gott des Geldes, sei es das Recht des Stärkeren, die eigene Nation, das Streben nach Ruhm, moralische Werte - oder aber den Gott der Bibel. Der Gegensatz zum Glauben im christlichen Sinne ist weder das Wissen noch der Zweifel, sondern der Unglaube. Der jedoch ist selbst eine Weise des Glaubens, sofern er eben sein Vertrauen auf einen anderen Gott als den biblischen setzt. Es steht also Glaube gegen Glaube.

Selbst der moderne Atheismus ist, so betrachtet, noch eine Gestalt des Glaubens, und der von Friedrich Nietzsche (1844-1900) verkündete Tod Gottes bedeutet mitnichten, dass die säkulare Moderne allen Glauben hinter sich gelassen hätte. Nur glaubt sie nicht mehr an den einen Gott, sondern an viele Götter. Man nennt sie Werte oder Ideale. Das

Verlangen in der heutigen »Erlebnisgesellschaft« (Gerhard Schulze) richtet sich auf das subjektive Erleben von Sinn, Authentizität und Daseinsglück. Vor gut einhundert Jahren schrieb der Soziologe Max Weber (1864–1920): »Die alten vielen Götter, entzaubert und daher in Gestalt unpersönlicher Mächte, entsteigen ihren Gräbern, streben nach Gewalt über unser Leben und beginnen untereinander wieder ihren ewigen Kampf. Das aber, was gerade dem modernen Menschen so schwer wird, und der jungen Generation am schwersten, ist: einem solchen *Alltag* gewachsen zu sein. Alles Jagen nach dem ›Erlebnis‹ stammt aus dieser Schwäche.«[1] Diese Beschreibung passt auch auf unsere Gegenwart.

Es verhält sich folglich keineswegs so, dass letztlich alle Menschen an denselben Gott glauben, der hinter all den unterschiedlichen Göttern zu vermuten wäre. So lässt Goethe seinen Dr. Faust sagen: »Nenn's Glück! Herz! Liebe! Gott! / Ich habe keinen Namen / dafür! Gefühl ist alles; / Name ist Schall und Rauch, / umnebelnd Himmelsglut.« Wirklich? In Wahrheit sind die unterschiedlichen Formen der Gottesverehrung, die wir als Religionen bezeichnen, weder gleich gültig, noch gleichgültig. Auch sind längst nicht alle Menschen heimliche Monotheisten. Der Kampf der aus ihren Gräbern entstiegenen Götter, von dem Max Weber sprach, ist die moderne Wiederkehr des Polytheismus, der Vielgötterei. Keineswegs hat jeder nur seinen einzigen Gott, und nicht jeder Glaube ist im gehaltvollen Wortsinn religiös. Es gibt gleichermaßen religiöse wie nichtreligiöse Antworten

1 Max Weber, Wissenschaft als Beruf, in: Ders., Gesammelte Aufsätze zur Wissenschaftslehre, Tübingen 1920, Nachdruck 1988, 605.

auf letzte Sinnfragen. Und diese Antworten, seien sie religiös oder nichtreligiös, sind keinesfalls alle gleich wahr, gleich gut und lebensdienlich.

Der *christliche* Glaube an Gott ist - entgegen der Vorstellung von Goethes Dr. Faust - von einem unbestimmten Urvertrauen in die grundsätzliche Vertrauenswürdigkeit der Welt oder des Lebens unterschieden. Wer auf Gott vertraut, hofft nicht ins Blaue hinein, sondern setzt sein Vertrauen auf den, der sich in der Person Jesu von Nazareth, in dessen Leben, Wirken und Sterben als die alles bestimmende Wirklichkeit gezeigt und erwiesen hat. Er vertraut auf den Gott, der sich in diesem Menschen als die den ganzen Kosmos umspannende Macht der Liebe offenbart hat.

Um an diesen Gott glauben zu können, muss jemandem ein Licht aufgehen. Die Bibel nennt das Offenbarung. Man kann auch sagen, jemandem fällt es wie Schuppen von den Augen, so dass er die Welt mit neuen Augen sieht. Sie wird transparent für die verborgene Gegenwart Gottes, ohne den nichts ist und bestehen kann.

Solcher Glaube entsteht nicht mit innerer Notwendigkeit, aber es ist eine Option, wie der Philosoph Charles Taylor und der Soziologe Hans Joas sagen. In Verbindung mit dem Glauben ist das Wort Option freilich missverständlich. Wir gebrauchen es zum Beispiel im Wirtschaftsleben, wo wir zwischen verschieden Waren und Dienstleistungen, die auf dem Markt angeboten werden, frei wählen können. Auch Religionen treten heute marktförmig auf. Die Religionsökonomie - eine Teildisziplin der Religionswissenschaft - betrachtet sie als Anbieter auf dem Markt der religiösen und weltanschaulichen Möglichkeiten (und Unmöglichkeiten), die zueinander in Konkurrenz stehen, teilweise aber auch kooperieren. Im christlichen Sinne zu glauben ist freilich nicht das Ergebnis eines distanzierten Abwägungsprozesses, der Vor- und Nachteile des Glaubens einer Kosten-Nutzen-Analyse unterzieht.

Der christliche Glaube ist nicht nur eine Möglichkeit neben anderen Optionen, sondern er ist *der* Sinn für das *Mögliche*. Wie es nämlich einen Wirklichkeitssinn gibt, so auch einen Möglichkeitssinn, ein Sensorium für Gott als Grund des Möglichen. Wer glaubt, dem ist mehr möglich, kann doch der Glaube, wie es im Neuen Testament heißt, sogar Berge versetzen (Matthäus 17,20). Uns werden von Gott neue Lebensmöglichkeiten zugespielt und Wege geöffnet, wo sich der Unglaube am Ende aller Wege angekommen sieht. Möglichkeiten, die wir uns nicht erarbeiten können, sondern die sich unverhofft auftun. Wer glaubt, leugnet keineswegs die Welt der Fakten, aber er lässt sich nicht von der vermeintlich unumstößlichen Macht des Faktischen in die Knie zwingen.

Recht verstanden ist der Glaube eine unmögliche Möglichkeit, weil er nur dort entsteht, wo ein Mensch von Gott als der alles bestimmenden Wirklichkeit der Liebe passiv ergriffen wird und sich ihm hingibt. Im Akt des Glaubens bekommt der Begriff der Wahl einen neuen, gegenläufigen Sinn: Nicht der Mensch wählt Gott, sondern dieser wählt ihn. Die Wahl des Glaubens besteht darin, von Gott erwählt und mit der Gabe des Glaubenkönnens und Glaubendürfens beschenkt zu werden. Das ist der Sinn der christlichen Erwählungslehre, die in der reformierten Tradition eine besonders hervorgehobene Rolle spielt.

In unserer Alltagssprache gebrauchen wir das Verb »glauben« auf dreifache Weise: (1) Glauben an …, (2) glauben, dass …, (3) jemandem glauben. (1) Wir sagen beispielsweise: »Ich glaube an das Gute im Menschen« oder: »Ich glaube an die wahre Liebe«. Wir sprechen aber auch gelegentlich davon, dass wir an jemanden glauben, in dem Sinne, dass wir unser ganzes Vertrauen auf ihn setzen oder dass wir jemandem Mut machen wollen. Beispiele: »Ich glaube an dich« - ich setze meine ganze Hoffnung, mein ganzes Vertrauen auf jemanden. - »Ich glaube an dich, du schaffst das!« Oder auch: »Ich glaube an mich. Ich traue mir etwas zu. Ich bin von mir selbst überzeugt.« - (2) Jemand sagt: »Ich glaube, dass es keine Zufälle im Leben gibt« oder: »Ich glaube, dass wir es noch bis zur nächsten Raststation schaffen können«. - (3) Beispiele für den dritten Gebrauch des Wortes: »Ich glaube dir, wenn du sagst, du hast mit dem Unfall nichts zu schaffen« oder: »Ich glaube dir, dass du mich liebst«.

Wenn von Gott die Rede ist, gebrauchen wir das Verb »glauben« in allen drei Bedeutungen. Sagt jemand, er glaube an Gott, dann meint er wohl mehr, als würde er nur sagen: »Ich glaube, dass Gott existiert« oder »Ich halte es zumindest für sehr wahrscheinlich, dass es Gott gibt«. Wer von sich sagt, er glaube an Gott, will damit zum Ausdruck bringen, dass er mit ihm fest im Leben rechnet, dass er auf ihn sein Vertrauen setzt.

Wer an Gott glaubt, sagt aber auch: »Ich glaube, dass …« Ein klassisches Beispiel dafür ist Luthers Erklärung der Anfangsworte des → **Apostolischen Glaubensbekenntnisses**. Sie lauten: »Ich glaube an Gott, den Vater, den Allmächtigen, den Schöpfer des Himmels und der Erde.« Luther erklärt den Sinn dieser Worte in seinem »Kleinen Katechismus« folgendermaßen: »Ich glaube, dass mich Gott geschaffen hat samt allen Kreaturen, mir Leib und Seele, Augen, Ohren und alle Glieder, Vernunft und alle Sinne gegeben hat und noch erhält.« An Gott den Schöpfer zu glauben heißt für Luther zu glauben, dass er auch ihn geschaffen hat und täglich am Leben erhält. Das ist keine quasi- oder pseudowissenschaftliche Hypothese über den Ursprung des Kosmos, sondern Ausdruck einer persönlichen Überzeugung und Gewissheit. Diese beschränkt sich aber – und das ist das Spannende – keineswegs nur auf die Innerlichkeit desjenigen, der so wie Luther spricht. Sie schließt seine körperliche Existenz und die raumzeitliche Wirklichkeit im Ganzen ein. Wenn Luther »ich« sagt, denkt er nicht zuerst an seinen Verstand, seinen Intellekt und seine Sinne, er spricht auch nicht isoliert von seiner Seele als Sitz seiner Persönlichkeit, sondern er spricht von Leib und Seele als einer Ganzheit und nennt sich in einem Atemzug mit allen anderen geschaffenen Wesen ein Geschöpf Gottes.

Die Aussage »Ich glaube, dass ...« steht also nicht für eine Beschreibung der Welt im Ganzen, der Natur und der eigenen Person aus einer distanzierten Beobachterperspektive. Sie steht darum auch nicht in Konkurrenz zur modernen Evolutionstheorie. In ihr drückt sich vielmehr eine bestimmte Einstellung zum Leben und zum eigenen Dasein aus, die man nur gewinnt, wenn man sich selbst beteiligt und gemeint weiß. Diese Einstellung oder Haltung zur eigenen Existenz wie zur Welt im Ganzen gegenüber ist aber keineswegs bloß ein subjektives Gefühl. Sie verkörpert vielmehr eine besondere Art von Wissen, das in einer letzten Gewissheit gründet. Der christliche Glaube gibt eben nicht nur zu hoffen, sondern auch zu wissen. Es ist aber das Wissen des Glaubens nicht mit einem einfachen Fürwahrhalten von Dogmen oder Lehrsätzen zu verwechseln.

Wir kennen auch außerhalb von Glaube und Religion unterschiedliche Formen des Wissens. Neben einem technischen, instrumentellen Verfügungswissen gibt es auch ein Orientierungswissen. Moral und Ethik sind Beispiele dafür. Und so bietet auch der Glaube an Gott ein Orientierungswissen, das die persönliche Existenz jedes Einzelnen, aller anderen Menschen, auch der Tiere und Pflanzen, kurz: der Wirklichkeit im Ganzen in ihrer Gottbezüglichkeit bestimmt. Es legt dar, was es praktisch heißt, sich als Geschöpf Gottes zu verstehen und als Geschöpf Gottes zu leben.

Ein besonders eindrückliches Beispiel für christliches »Ich glaube, dass ...« sind jene bekannten Glaubenssätze, die Dietrich Bonhoeffer (1906–1945) in der Haft notiert hat:

> »Ich glaube, daß Gott aus allem, auch aus dem Bösesten, Gutes entstehen lassen kann und will. Dafür braucht er Menschen, die sich alle Dinge zum Besten dienen lassen. Ich glaube, daß Gott uns in jeder Notlage soviel Widerstandskraft geben will, wie wir brauchen. Aber er gibt sie nicht im voraus, damit wir uns nicht auf uns selbst, sondern allein auf ihn verlassen. In solchem Glauben müßte alle Angst vor der Zukunft überwunden sein. Ich glaube, daß auch unsere Fehler und Irrtümer nicht vergeblich sind, und daß es Gott nicht schwerer ist, mit ihnen fertig zu werden, als mit unseren vermeintlichen Guttaten. Ich glaube, daß Gott kein zeitloses Fatum ist, sondern daß

er auf aufrichtige Gebete und verantwortliche Taten wartet und antwortet.«[2]

Der Gott der Christen ist tatsächlich keine unpersönliche Schicksalsmacht oder ein abstraktes Urprinzip, sondern der lebendige Grund von allem, was ist. Er offenbart sich den Menschen in einer Weise, die personhafte Züge trägt, ohne dass man Gott mit einer endlichen Person verwechseln dürfte. Die Bibel zeigt ihn als einen handelnden und sprechenden Gott. Das ist schon in den ersten Sätzen der Bibel so. Gott spricht, und es wird. Er schafft durch sein Wort. Zuerst das Licht. Und auch in der weiteren Geschichte Gottes mit der von ihm erschaffenen Welt spricht dieser Gott. Er spricht vorzüglich zu den Menschen, sei es unmittelbar, sei es durch andere Menschen, die in seinem Namen handeln. Er spricht aber, so erzählt es der Schöpfungsbericht, auch zu den von ihm erschaffenen Tieren, den Fischen und den Vögeln (1. Mose 1,22). Umgekehrt bezeugt die erschaffene Welt - Himmel und Erde, Tag und Nacht - Gott und stimmt das Lob des Schöpfers an, wenn auch ohne menschliche Sprache und Worte (Psalm 19,1-5). So ist die ganze Schöpfung als Anrede Gottes an den Menschen zu vernehmen - für den, der Ohren hat zu hören.

Gottes Wort erreicht uns in menschlicher Rede, die Gott bezeugt und für uns zur göttlichen Anrede werden kann.

[2] Dietrich Bonhoeffer, Widerstand und Ergebung. Briefe und Aufzeichnungen aus der Haft, hg. von Christian Gremmels, Eberhard Bethge und Renate Bethge in Zusammenarbeit mit Ilse Tödt (DBW 8), Gütersloh 1998, 30f.

Sein Wort hat in erster Linie keine informative Bedeutung, sondern es ist schöpferisch. Wir kennen Vergleichbares aus der menschlichen Kommunikation. Es gibt nicht nur Sätze, die menschliches Handeln begleiten oder erläutern, sondern auch solche, durch die eine Handlung vollzogen wird. So, wenn es im Gerichtssaal heißt: »Im Namen des Volkes ergeht folgendes Urteil.« Ein anderes Beispiel ist, wenn jemand ein Versprechen abgibt mit den Worten: »Ich verspreche dir«. Oder jemand sagt zu mir: »Ich warne dich!« In der Sprachwissenschaft nennt man solche Vorgänge performative Sprechakte. Durch das, was jemand sagt, wird in solchen Fällen eine Wirklichkeit nicht nur beschrieben, sondern geschaffen. Performative Sprechakte sind auch ein mündlicher oder schriftlicher Vertragsabschluss, die Verleihung eines Titels oder die Übertragung eines Amtes. Analog können wir sagen, dass Gott durch sein Wort handelt.

Wir Menschen leben nicht vom Brot allein, sondern in ganz entscheidendem Maße von Worten – wie einem Versprechen oder einer Liebeserklärung. Sätze wie »Ich liebe dich« oder »Ich verzeihe dir« können lebensnotwendig und lebensrettend sein. Wir können sie aber niemals uns selbst zusprechen. Was die Bibel als Wort Gottes bezeichnet, ist solch ein lebensspendendes und lebensrettendes Wort. Wir finden es in biblischen Sätzen, die uns zum persönlichen Zuspruch werden können. Das ursprünglich an das Volk Israel zur Zeit des Babylonischen Exils gerichtete Prophetenwort: »Fürchte dich nicht, denn ich habe dich erlöst; ich habe dich bei deinem Namen gerufen; du bist mein!« (Jesaja 43, 1), ist auch denen gesagt, die heute an den Gott der Bibel glauben. Auch dieses Prophetenwort kann für

Menschen zum Brot des Lebens werden: »Fürchte dich nicht, ich bin mit dir; weiche nicht, denn ich bin dein Gott. Ich stärke dich, ich helfe dir auch. Ich halte dich durch die rechte Hand meiner Gerechtigkeit.« (Jesaja 41,10). Lebensspendendes Evangelium ist es aber, wenn Menschen, die in Anbetracht ihrer tatsächlichen oder vermeintlichen Unzulänglichkeiten wie auch ihrer Glaubens- und Selbstzweifel im Neuen Testament lesen dürfen: »Daran erkennen wir, dass wir aus der Wahrheit sind, und können vor ihm unser Herz überzeugen, dass, wenn uns unser Herz verdammt, Gott größer ist als unser Herz und erkennt alle Dinge.« (1. Johannes 3,19–20)

Mit solchem Zuspruch will Gott unseren Glauben an ihn, unser Vertrauen zu ihm wecken. Die Kurzformel für diesen Zuspruch seiner bedingungslosen Gnade lautet im Neuen Testament Evangelium. Die Gabe und der Zuspruch stehen vor jeder Forderung, die Gott allerdings durchaus auch an uns stellt. Wer sich als Geschöpf Gottes versteht, weiß sich vor Gott für sein Tun und Lassen verantwortlich. Wer sein Dasein im gnädigen Willen Gottes begründet sieht, sieht sich mit diesem Willen auch als Forderung konfrontiert. Dafür stehen die biblischen Begriffe des Gebotes und des Gesetzes. Aber der Zuspruch steht vor dem Anspruch, die Gabe vor der Aufgabe, die das Leben vor und mit Gott auch bedeutet. Eine Schlüsselszene für diesen Sachverhalt ist die alttestamentliche Erzählung vom Garten Eden. Das erste Wort, das Gott an den Menschen richtet, ist keine Forderung und kein Verbot, sondern eine Erlaubnis: Du darfst! »Du darfst essen von allen Bäumen im Garten« (1. Mose 2,16) – außer dem Baum der Erkenntnis des Guten und des Bösen. Was es mit

Letzterem auf sich hat, soll hier außer Betracht bleiben. Entscheidend ist, dass am Beginn die Einladung steht, Gottes Gabe anzunehmen, die er dem Menschen bereitet hat. Am Anfang steht auch nicht der Mangel, sondern die Fülle. Die Sünde hingegen ist ein Mangel, nämlich der grundsätzliche Mangel an Vertrauen auf Gott, der nagende Zweifel, den die Schlange im Herzen Adams mit ihrer suggestiven Frage sät: »Sollte Gott gesagt haben ...?« Sie verkehrt Gottes erstes Wort an Adam in sein Gegenteil, indem sie den Blick nur auf das Verbot lenkt, vom Baum der Erkenntnis zu essen, und dabei die Zusage, Adam dürfe von allen anderen Bäumen im Garten essen, ganz unter den Tisch fallen lässt.

Gott spricht nicht nur zu den Menschen, er handelt auch durch sein Wort. Sein Handeln steht nicht nur am Anfang der Geschichte des Kosmos, sondern es wirkt in der Welt immer und überall. Der handelnde und in der Welt wirkende Gott konkurriert nicht mit uns Menschen als Handlungssubjekten. Sein Handeln liegt kategorial auf einer anderen Ebene als alle innerweltlichen Handlungen und Kausalketten. Darum lässt sich Gottes Handeln weder naturwissenschaftlich beobachten noch durch naturwissenschaftliche Beobachtungen und Schlussfolgerungen widerlegen. Was in biblischer Tradition bildhaft als Handeln Gottes beschrieben wird, ist vielmehr der transzendente Grund dafür, dass es uns Menschen als handlungsfähige Akteure gibt. Wir können überhaupt nur deshalb handeln, weil Gott an uns handelt, weil er einen jeden von uns ins Leben ruft und uns im Leben führt.

Niemand gibt sich selbst das Leben, niemand bringt sich selbst auf die Welt. Unsere Vorstellung von einer selbstbestimmten Lebensführung ignoriert gern, dass unsere Autonomie und unsere Freiheit nur beschränkt und endlich sind. Unser Lebensweg wie auch die großen Entwicklungen und Ereignisse in der Welt sind doch nur in begrenztem Maße das ausschließliche Resultat menschlicher Planung und menschlicher Handlungen. Zwar unterscheiden wir Menschen uns von Tieren und Pflanzen dadurch, dass wir unser Leben nicht einfach leben, sondern bewusst führen müssen. Aber die eigene Lebensführung ist bei genauerer Betrachtung eben nicht das alleinige Resultat unseres Planens und Handelns, sondern auch durch Ereignisse bestimmt, die wir als schicksalhaft bezeichnen.

Wer im christlichen Sinne glaubt, erkennt in solchen Schicksalserfahrungen das Wirken Gottes. Wo andere Menschen von Zufall oder Kontingenz, vom Unglück oder vom Glück sprechen, das die eigenen Pläne begünstigen oder auch zunichte machen kann, wissen sich glaubende Menschen auf verborgene Weise von Gott geführt, so dass aus Zufall Fügung und aus Fügung Führung wird.

Unser Leben und unsere Lebensführung sind inmitten aller Aktivität und planvoller Entscheidungen von einer grundlegenden Passivität bestimmt. Dazu gehört, dass wir geboren werden, und dazu gehört, dass wir sterben müssen. Auch der Rhythmus von Wachen und Schlafen ist ein Hinweis auf die Grundpassivität unseres Daseins. Zu ihr gehören außerdem alle Widerfahrnisse und Zufälle. Selbst wenn wir aus guter Absicht handeln, haben wir doch die Folgen unseres Tuns nie völlig in der Hand. Wir können das Gute, das wir wollen, keineswegs immer in die Tat umsetzen. Das Handeln aus guter Absicht kann sogar böse Folgen nach sich ziehen. Zu einfach macht es sich der Spruch von Erich Kästner: »Es gibt nichts Gutes, außer man tut es«. Das Gute ist und bleibt vielmehr eine Gabe, die gläubige Menschen dankbar auf Gott als Quelle weltumspannender Güte zurückführen.

Das gilt auch für das persönliche Schicksal in Erfolg und Misserfolg, wie Dietrich Bonhoeffer seinem Freund Eberhard Bethge brieflich auseinandergesetzt hat: »Der Wunsch alles durch sich selbst sein zu wollen, ist ein falscher Stolz. Auch was man anderen verdankt, gehört eben zu einem und ist ein Stück des eigenen Lebens, und das Ausrechnenwollen, was man sich selbst ›verdient‹ hat und was man anderen verdankt, ist sicher nicht christlich und im übrigen ein aussichtsloses Unternehmen. Man ist eben mit dem, was man selbst ist und was man empfängt, ein Ganzes.«[3]

Mir schickte einmal jemand eine Geburtstagskarte, auf der zu lesen stand: »Wenn es einen Glauben gibt, der Berge versetzen kann, so ist es der Glaube an die eigene Kraft.« Der Spruch stammt angeblich von Marie von Ebner-Eschenbach (1830–1916). Ich halte ihn für falsch. Gottvertrauen und Selbstvertrauen schließen einander aber nicht aus. Selbstvertrauen entsteht gerade dann, wenn man sich nicht allein auf sich selbst verlässt. Es entsteht, wenn jemand anderer mir etwas zutraut.

Ebenso wenig wie Gottvertrauen und Selbstvertrauen stehen Empfänglichkeit und Tätigsein zueinander in Konkurrenz. Mit Gottes Wirken ist nicht nur dort zu rechnen, wo Menschen passiv sind, sondern auch dort, wo sie aktiv sind

[3] Bonhoeffer, Widerstand und Ergebung (s. Anm. 2), 216.

und ihr Leben selbst in die Hand nehmen. Wir führen unsere Leben im Spannungsfeld zwischen Tun und Lassen, zwischen Widerstand und Ergebung. Gottes Wirken erfahren wir nicht etwa nur, wenn wir uns passiv oder gar ausgeliefert fühlen, sondern auch in unserer eigenen Stärke, unseren Begabungen und Fähigkeiten. Wir erfahren Gottes Wirken in, mit und unter Widerstand und Ergebung gegenüber dem, was wir Schicksal nennen. Dazu nochmals Dietrich Bonhoeffer:

»Ich glaube, wir müssen das Große und Eigene wirklich unternehmen und doch zugleich das selbstverständlich und allgemein Notwendige tun, wir müssen dem ›Schicksal‹ – ich finde das ›Neutrum‹ dieses Begriffes wichtig – ebenso entschlossen entgegentreten wie uns ihm zu gegebener Zeit unterwerfen. Von ›Führung‹ kann man erst *jenseits* dieses zwiefachen Vorgangs sprechen, Gott begegnet uns nicht nur als Du, sondern auch ›vermummt‹ im ›Es‹, und in meiner Frage geht es also im Grunde darum, wie wir in diesem ›Es‹ (›Schicksal‹) das ›Du‹ finden, oder m. a. W., […] wie aus dem ›Schicksal‹ wirklich ›Führung‹ wird. Die Grenzen zwischen Widerstand und Ergebung sind also prinzipiell nicht zu bestimmen; aber es muß beides da sein und beides mit Entschlossenheit ergriffen werden. Der Glaube fordert dieses bewegliche, lebendige Handeln. Nur so können wir uns[ere] jeweilige gegenwärtige Situation durchhalten und fruchtbar machen.«[4]

Wie das Leben ist auch der Glaube eine Gabe und keine menschliche Leistung. Glauben können, Vertrauen können,

[4] Bonhoeffer, Widerstand und Ergebung (s. Anm. 2), 333 f.

ist eine Gnade. Wissen kann man erwerben, aber den Glauben kann man ebenso wenig erzwingen wie die Liebe. Im modernen Universitätsbetrieb werden Wissensbilanzen aufgestellt, und Wissen wird als Produkt, als Leistung begriffen, die von Einzelnen oder im Kollektiv erbracht und sogar in Geldwert umgerechnet werden kann. Das Wissen und die Gewissheit des Glaubens sind keine Leistung dieser Art. Vertrauen entsteht nicht nur durch einen bloßen Entschluss des eigenen Willens. Es muss sich von allein einstellen und wachsen. Ob es gerechtfertigt ist oder enttäuscht wird, habe ich nicht in der Hand. Vertrauen bleibt ein Wagnis, getragen von einer Gewissheit, die nicht mit Sicherheit verwechselt werden kann. Auch wenn im Kreditwesen und im Geschäftsleben Garantien gefordert werden, gibt es im Letzten für Vertrauen keine Garantie.

Gott im Leben wie im Sterben zu vertrauen, bleibt auch deshalb eine unverfügbare Gabe, weil wir Menschen von Haus aus zu diesem Vertrauen gar nicht bereit sind, sondern uns lieber auf uns selbst verlassen und das eigene Dasein durch unsere Lebensleistung rechtfertigen wollen. Glauben können heißt demgegenüber, nicht länger aus sich selbst etwas machen zu müssen, um bei Gott und den Menschen Anerkennung zu finden. Es bedeutet, von der Angst vor der eigenen Bedeutungslosigkeit befreit zu werden. Paulus und die Reformatoren sprechen in diesem Zusammenhang von der Rechtfertigung des Menschen allein durch den Glauben.

In einer Betrachtung zum Weihnachtsfest 1953 schrieb der evangelische Theologe Rudolf Bultmann: »Wir sind nicht die, die wir zu sein scheinen, zu sein meinen. Wir sind die,

die wir im Lichte Gottes sind. Wir sind, was wir hier und jetzt nie sind, aber das, was wir hier und jetzt nie sind, *gerade das ist unser eigentliches Sein.*«[5] Das aber heißt doch: Mein Selbstwert und meine Würde hängen nicht von dem ab, wie andere mich sehen und beurteilen, auch nicht davon, wie ich mich selbst sehe und beurteile, sondern einzig und allein davon, wie Gott mich sieht und beurteilt. Und nicht ich bin es, der mein Leben zu einer Ganzheit vollendet, sondern Gott – durch alle Brüche und Unvollkommenheiten meines Lebens hindurch.

Unser eigentliches Sein liegt nicht offen zu Tage, sondern es ist noch verborgen. »Wir sollen«, schreibt Bultmann, »nicht wähnen, das wirklich zu sein, als was wir in den Augen anderer, ja unsern eigenen Augen erscheinen. Wir sollen es nicht wähnen, weder im Hochmut der Selbstzufriedenheit noch in der Verzagtheit der Selbstverurteilung. Wir dürfen glauben, daß unser eigentliches Leben *uns selbst verborgen* ist.«[6]

Wenn uns dieses Licht aufgeht, das wir nicht selbst in uns entzünden können, wird uns die Gnade der Selbstvergessenheit zuteil. Sie ist nicht mit Selbstlosigkeit zu verwechseln, besagt doch das Gebot der Nächstenliebe, dass wir den Nächsten lieben sollen wie uns selbst. Selbstvergessenheit bedeutet aber, von der Sorge um das eigene Selbst und sein Erscheinungsbild, von der Sorge um die eigene Wichtigkeit befreit zu werden. Gläubige, auf Gott vertrau-

[5] Rudolf Bultmann, Weihnachten, in: ders., Glauben und Verstehen, Bd. III, Tübingen 1960, 76–80, hier 79.

[6] Ebd.

ende Selbstvergessenheit überwindet die Selbstverkrümmung, in der wir offen oder heimlich nur um uns selbst kreisen. In diesem Sinne schafft der Glaube Freiheit.

So gibt der Glaube aber auch, wie Bultmann fortfährt, »der Welt einen neuen Schein«[7]. Indem unser Leben in einem neuen Licht erscheint – nämlich als von Gott geschenktes und trotz unseres Widerstandes gegen ihn von seiner Liebe umfangenes –, zeigt sich auch die Welt in einem neuen Licht. Zum einen verliert sie die Macht über den, der sich von Gott angenommen und geliebt weiß. Zum anderen erweist sich der Glaube als Kraft, die Welt wie uns selbst zu verwandeln und neu werden zu lassen. Die alles verwandelnde Kraft aber ist die Macht der Liebe und der Hoffnung.

[7] Ebd.

Liebe

Die Sehnsucht nach Liebe beherrscht unser privates wie öffentliches Leben. Sie wird im Schlager besungen und auf der Bühne oder auf der Leinwand inszeniert. Ob es nun die zu Tränen rührende Liebesgeschichte in James Camerons Filmepos über den Untergang der Titanic oder die tragische Geschichte des Johannes Elias Alder in Robert Schneiders Roman *Schlafes Bruder* ist: Von diesen Geschichten fühlen sich unzählige Menschen angesprochen und bewegt, weil in ihnen die Liebe als der Sinn des Lebens zelebriert wird, Liebe, die stark ist wie der Tod. Im Film findet die große Liebe statt und gelangt zu ihrer Erfüllung. Und somit ist das Kino ein Versprechen, dass es auch für uns die große Liebe geben kann. Und diesem Versprechen jagen wir nach.

Die Liebe, das wussten wir schon immer, ist eine Himmelsmacht. Sie hat eine religiöse Dimension. Liebe ist stark wie der Tod. Geburt und Tod markieren Ursprung und Ende unseres Lebens. *Eros* und *Thanatos* verweisen auf das Geheimnis des Lebens, auf die Transzendenz, das Heilige. Gute Zeiten also für das Christentum? Schließlich ist doch das Christentum die Religion der Liebe schlechthin! Seine Botschaft lautet: Gott ist Liebe. Und darum sollen wir Gott und unseren Mitmenschen lieben wie uns selbst. Das Neue Testament verkündigt den Gott der Liebe, wie ihn Paulus in 2. Korinther 13,11 nennt, der in Jesus von Nazareth Mensch geworden ist. Das will sagen: Dieser Mensch hat Gott mit allen Faserns seines Lebens, seines Redens, Handelns und

Leidens auf einzigartige Weise verkörpert und tut es über seinen Tod hinaus. Das meint Paulus, wenn er schreibt: »Gott war in Christus.« (2. Korinther 5,19) Die Liebe Gottes, der sich letztgültig in Jesus von Nazareth offenbart hat, ist grenzenlos. Sie geht nicht nur bis an die äußerste Grenze, den Tod Jesu am Kreuz, sondern sogar noch über diese hinaus. Sie ist stark wie der Tod, ja, stärker als dieser, weil sie den Tod nicht nur erleidet und freiwillig auf sich nimmt, sondern ihn überwindet, so gewiss Jesus von den Toten auferstanden ist.

Aber gerade dieser Teil der christlichen Botschaft stößt heute weithin auf Unverständnis wie die Jungfrauengeburt. Wie die gebildeten Griechen auf dem Areopag in Athen, denen Paulus den christlichen Gott verkündigen wollte, schütteln die Menschen den Kopf und sagen freundlich, aber reserviert: »Wir wollen ein anderes Mal mehr davon hören.« (Apostelgeschichte 17,32) Der biblische Gott der Liebe hat Konkurrenz bekommen. Lautet der Name des christlichen Liebesgottes auf Griechisch *Agape* oder auf Lateinisch *Caritas*, so derjenige des modernen Liebesgottes Eros. Nicht den Vater Jesu Christi verehren die Zeitgenossen, sondern dem Gott Amor oder der Aphrodite bringen sie ihre Opfer.

Dabei müsste zwischen der Gottes- und Nächstenliebe im Sinne der Bibel einerseits und der irdischen, Sexualität und Erotik umfassenden Liebe andererseits gar keine Konkurrenz bestehen. Das Hohelied im Alten Testament besingt die Liebe zwischen Mann und Frau und sieht in ihr die gute Gabe des Schöpfers. Im Verlauf der Christentumsgeschichte ist die menschliche Sexualität allerdings auch als Einfallstor der Sünde betrachtet worden. Die ungetrübte Gottesliebe wurde mit dem Ideal der Enthaltsamkeit und der Ehelosigkeit in Verbindung gebracht. Die Reformation und namentlich Luther haben zu einem Umdenken geführt. Das Leben in Ehe, Familie und Beruf galt fortan als Gottesdienst im Alltag der Welt. In der säkularen Gesellschaft hat sich die irdische Liebe verselbständigt. Ohne Gottesbezug wird sie zum innerweltlichen Transzendenzversprechen, das sich als Alternative zum überkommenen Christentum versteht.

Was die Menschen umtreibt, ist nicht nur die Sehnsucht, sondern auch die Angst. Die Angst nämlich vor dem Scheitern der Liebesbeziehungen, die Angst vor dem Verlust, die Angst vor der Einsamkeit. Diese Angst macht erpressbar. Die Drohung mit Liebesentzug ist ein beliebtes Mittel, um anderen Menschen den eigenen Willen aufzuzwingen. Es kommt zwischen Eltern und Kindern zum Einsatz, zwischen Ehepartnern, im Freundeskreis, aber auch in den Medien. Und da dieses Leben vermeintlich die letzte Gelegenheit ist, leben die Menschen in ständiger Angst, die große Liebe, den Moment der Erfüllung, den es - wer weiß? - vielleicht ja doch einmal geben könnte, zu verpassen.

Der erste Johannesbrief hält dagegen: »Furcht ist nicht in der Liebe, sondern die vollkommene Liebe treibt die Furcht aus; denn die Furcht rechnet mit Strafe. Wer sich aber fürchtet, der ist nicht vollkommen in der Liebe.« (1. Johannes 4,17 f.)

Wer sich vor Liebesentzug, mit dem wir uns wechselseitig bedrohen, fürchten muss, hat die vollkommene, wahre Liebe noch nicht gefunden. Deren untrügliches Zeichen besteht nämlich darin, dass jemand der Liebe ganz gewiss ist und von der Angst, sie verlieren zu können, ganz frei wird.

Der Verfasser des ersten Johannesbriefes ist überzeugt, die wahre Liebe gefunden zu haben, oder besser gesagt: von ihr gefunden worden zu sein. Er hat den Gott der Liebe gefunden, nein, dieser ihn. Die Rede ist freilich nicht vom Gottesersatz unserer modernen Religion der irdischen Liebe, sondern von dem liebenden und Liebe stiftenden Gott, der im Unterschied zur Liebesillusion inneren Frieden und Gewissheit schenkt.

Aber handelt es sich bei diesen Sätzen nicht auch bloß um eine unbewiesene Behauptung, um leeres Gerede? Das hängt offenbar davon ab, wie die Grundthese des ersten Johannesbriefes zu verstehen ist, die das neutestamentliche Gottesverständnis überhaupt auf den Punkt bringt: »Gott ist Liebe; und wer in der Liebe bleibt, der bleibt in Gott und Gott in ihm.« (1. Johannes 4,16)

Was aber soll es denn heißen, dass Gott die Liebe ist? Beim ersten Lesen scheint es so zu sein, dass Gott die große Unbekannte ist, ganz so, wie er es ja auch für viele Menschen heute den Anschein hat. Wenn ein namenloses Gefühl alles ist in der Religion der Liebe, dann sind Liebe und Gott austauschbare Wörter. Es macht dann keinen Unterschied, ob ich nun sage: »Gott ist die Liebe« oder aber: »Die Liebe ist Gott«. Auf dieser Gleichsetzung, dieser Vertauschung von Subjekt und Prädikat, beruht die moderne »Nachreligion« (Ulrich Beck und Elisabeth Beck-Gernsheim) der irdischen Liebe. Sie glaubt zu wissen, was Liebe ist, und erklärt sie zum Gott, dem alles geopfert wird.

Die Pointe des 1. Johannesbriefes besteht aber darin, dass Subjekt und Prädikat seiner Grundaussage über Gott nicht vertauscht werden dürfen. Gott ist nicht der austauschbare

Name für ein uns hinlänglich bekanntes Phänomen, eine bestimmte Weise der Mitmenschlichkeit. Sondern zunächst einmal ist die Liebe die große Unbekannte. Eben darum gebraucht der Verfasser des 1. Johannesbriefes wie auch das übrige Neue Testament für jene Liebe, die Gott ist, nicht die Wörter für Erotik und Freundschaft (*Eros* und *Philia*), sondern ein anderes griechisches Wort, das zunächst ganz unspezifisch von Liebe spricht: Agape. *Agapan* kam im antiken Sprachgebrauch in Wendungen vor wie »ich liebe Brahms, einen guten Wein oder das Meer«.

Um die Verwechslung der Liebe, die Gott ist, mit anderen Formen der Liebe zu vermeiden, spricht das Neue Testament von *Agape*. Doch bleibt dieses Wort in der Bibel nicht so mehrdeutig und schillernd, wie es von Hause aus ist. Es bekommt vielmehr eine ganz eigentümliche Bedeutung, indem es mit der Person Jesu von Nazareth, seiner Verkündigung und seinem Leben und Sterben in Verbindung gebracht wird. Was Liebe ist, die es wahrhaftig verdient, göttlich genannt zu werden, verstehen wir erst, wenn wir die Geschichte Jesu von Nazareth hören. Seine Lebensgeschichte ist als göttliche Liebesgeschichte zu lesen. Es ist die Liebesgeschichte zwischen Gott und den Menschen, aber auch zwischen Vater und Sohn.

Jesus nennt Gott seinen und unseren Vater. Dabei ist das Verhältnis zwischen ihm und dem Vater, nämlich dem Gott Israels, gegenüber unserem Verhältnis zu Gott einzigartig. Die Liebe, die beide miteinander im Leben wie im Sterben Jesu verbindet und diesen aus dem Tod neu ins Leben ruft, wird im Neuen Testament auch mit dem göttlichen Geist gleichgesetzt. Der Geist der Liebe ist der Geist Jesu Christi, aus dem heraus er gelebt und gelitten hat. Er ist der Geist, der diejenigen, die an ihn glauben, erfüllt und bewegt. Er ist aber eben auch der Geist des Vaters. Heißt es im 1. Johannesbrief, dass Gott Liebe ist, so sagt Jesus im Johannesevangelium: »Gott ist Geist« (Johannes 4,24). Die Liebe, die Gott ist, ist als ein ewiges Beziehungsgeschehen zu denken, nämlich als Beziehung zwischen Vater, Sohn und Heiligem Geist, in die wir Menschen durch das Christusgeschehen einbezogen werden. Um dieses Geschehen, diese ewige Liebesgeschichte, auf einen Begriff zu bringen, spricht die christliche Tradition von Gottes Dreifaltigkeit oder Dreieinigkeit. Der etwas sperrige Begriff besagt im Grunde etwas ganz Einfaches: Wer im neutestamentlichen Sinn von Gott reden will, muss stets von Jesus Christus reden. Wer aber von Jesus Christus reden will, muss stets von Gott reden. Und wer von Gott und Jesus Christus in ihrer unauflöslichen Beziehung sprechen will, muss von der beide verbindenden Liebe, nämlich vom Heiligen Geist, sprechen.

Jesus widmete sein Leben denen, die wir gar nicht für liebenswert halten würden; solchen, die ihr Leben verpfuscht hatten und schuldbeladen waren; den Außenseitern der Gesellschaft, Menschen mit abstoßenden und ansteckenden Krankheiten, für die es heute schwer wäre, Spendengelder einzuwerben, für Prostituierte und korrupte Beamte. Und letztlich: auch für Menschen wie uns, bei denen sich doch die Frage stellt, weshalb sie eigentlich liebenswerter und achtenswerter als jene Menschen sein sollen, die ich eben aufgezählt habe; für Menschen wie uns, deren Egoismus oder Narzissmus, mag er auch noch so gut hinter einer Fassade von Freundlichkeit kaschiert werden, größer als ihre Liebe zu Gott und den Mitmenschen ist. Jesus liebt uns fehlbare Menschen darum, weil er uns im Licht Gottes und mit seinen Augen sieht. Er sieht uns als die, die wir Gottes guter Schöpfung nach sein sollen und am Ende der Zeiten sein werden.

Diese Liebe, nicht irgendeine, ist Gott. Von dieser Liebe werden wir erfasst und angerührt, wenn wir auf Jesus von Nazareth schauen, wie er uns in den Evangelien geschildert wird. Von dieser Liebe sagt das Neue Testament, dass sie jedem Menschen gilt, dass sie nicht schwankend oder flüchtig ist, sondern dass sie bleibt, dass sie uns umfängt und trägt, auch wenn unsere eigene Kraft zu lieben an Grenzen stößt, wenn wir in der Liebe scheitern oder einander Liebe schuldig bleiben; wenn uns die Liebe anderer versagt bleibt oder entzogen wird.

Dieser Liebe zu vertrauen, das heißt glauben. Und aus solchem Vertrauen in die bedingungslose Liebe können wir die Kraft schöpfen, uns selbst und unsere Mitmenschen zu lieben. Mitmenschlichkeit und Solidarität sind Gestalten dieser Liebe, recht verstanden aber auch die Liebe zwischen Mann und Frau, eine von Liebe getragene Erotik und Sexualität.

Die Liebe, welche in Gott gründet, äußert sich in ganz bestimmten Verhaltensweisen, die Paulus folgendermaßen beschreibt: Sie »ist langmütig, sie ist gütig; die Liebe eifert nicht, sie prahlt nicht, sie bläht sich nicht auf, sie verhält sich nicht ungehörig, sie sucht nicht ihren Vorteil, lässt sich nicht erbittern, sie rechnet das Böse nicht an, sie freut sich nicht über die Ungerechtigkeit, sondern freut sich an der Wahrheit. Sie erträgt alles, glaubt alles, hofft alles, erduldet alles.« (1. Korinther 13, 4–8)

Paulus zeigt uns den Weg der Mitmenschlichkeit. Er veranschaulicht den Sinn des Doppelgebotes der Gottes- und Nächstenliebe, er beschreibt, was es praktisch heißt, einander zu lieben, weil uns Gott zuerst geliebt hat (vgl. 1. Johannes 4,19). Gott ist nicht einfach der Name für eine besondere Weise selbstloser Mitmenschlichkeit, zu der wir von Natur aus fähig wären: Aber wo immer solche Liebe und Mitmenschlichkeit geübt wird, da ist Gott. Und da erfahren wir das »Erbarmen des Jenseits« (Ulrich Beck), an dem es der modernen Nachreligion der Liebe mangelt.

Das Matthäusevangelium zitiert Jesus mit den Worten, »das ganze Gesetz und die Propheten« hingen in dem zweifachen Gebot, Gott zu lieben von ganzem Herzen, von ganzer Seele und von ganzem Gemüt und den Nächsten wie sich selbst (Matthäus 22,37-40). Das → **Doppelgebot der Liebe** ist allerdings nicht erst von Jesus geprägt worden, sondern eine Kombination aus dem alttestamentlichen Bekenntnis Israels zu seinem Gott - dem Schma Jisrael (5. Mose 6,4-9) - und dem Gebot der Nächstenliebe aus 3. Mose 19,18. Die Formel »Gesetz und Propheten« meint das ganze Alte Testament in seinen drei Teilen: *Tora* (»Wegweisung« - die fünf Bücher Mose und nicht etwa nur Gebote und Gesetzessammlungen), *Nebiim* (»Propheten«, zu denen auch das Buch Josua, das Buch der Richter, die beiden Samuelbücher und die beiden Königsbücher zählen) sowie die *Ketubim* (»Schriften«). Aus den Anfangsbuchstaben der drei Bezeichnungen ist im Judentum der Name *Tanach* für die Hebräische Bibel gebildet. Jesus, ein geborener und nach dem Glauben der Christen vom Gott Israels von den Toten auferweckter Jude, wie auch das Alte Testament verbinden die Christen unauflöslich mit dem Judentum.

In der Bergpredigt wird freilich nicht das Doppelgebot der Liebe, sondern → **die Goldene Regel** als Zusammenfassung von Gesetz und Propheten zitiert: »Alles nun, was ihr wollt, dass euch die Leute tun sollen, das tut ihnen auch! Das ist das Gesetz und die Propheten.« (Matthäus 7,12) Im alttestamentlichen Buch Tobias (Tobit), das sich nicht im hebräischen Kanon, sondern nur in der griechischen Fassung des Alten Testaments, der Septuaginta findet, wird die Goldene Regel in ihrer negativen Fassung zitiert: »Was du nicht willst, dass man dir tu, das füg auch keinem anderen zu!« (Tobias 4,15). Die Goldene Regel findet sich in allen Kulturen. Sie erlaubt es, das biblische Gebot der Nächstenliebe, das ja die Selbstliebe einschließt und voraussetzt, auch jenen Menschen verständlich zu machen, die nicht dem Judentum oder dem Christentum angehören. Das Doppelgebot der Liebe verbindet allerdings die Nächstenliebe mit der Gottesliebe in einer Weise, die über die Goldene Regel hinausreicht. Diese ist ein Gebot der Klugheit, die im recht verstandenen Eigeninteresse befolgt werden soll. Doch die Nächstenliebe, noch dazu gepaart mit der Gottesliebe, lässt sich nicht vom Eigeninteresse leiten, sondern richtet den Blick ganz auf den Mitmenschen und auf das, was er in seinen Nöten braucht, ohne dafür eine Gegenleistung zu erwarten.

Von all dem spricht das → **Apostolische Glaubensbekenntnis** freilich nicht, das Jesu Lebensgeschichte in äußerst gedrängter Form zusammenfasst. Zu Jesu Verkündigung und seinen Gleichnissen, seinen Krankenheilungen, seiner

Tischgemeinschaft mit den sprichwörtlichen Zöllnern und Sündern sagt das Bekenntnis kein Wort. Und so fehlt auch jede Aussage zur Ethik, etwa zur Bergpredigt oder zum Doppelgebot der Liebe. Das Glaubensbekenntnis richtet seinen Blick ausschließlich auf den göttlichen Ursprung und das göttliche Wesen Christi, auf seine Geburt, sein Leiden, seinen Tod und seine Auferstehung und bekennt vom Auferstandenen, er sitze zur Rechten Gottes des Vaters, von wo er dereinst wiederkommen werde, um über Lebende und Tote das letzte Gericht zu halten. Aus der religionswissenschaftlichen Distanz betrachtet, handelt es sich um mythologische Aussagen, welche den Sinn haben, in der Vorstellungswelt ihrer Entstehungszeit die Heilsbedeutung der Person und des Geschicks Jesu von Nazareth für die ganze Menschheit und den gesamten Kosmos auszudrücken. Das ist ihr bleibender Wahrheitskern.

Die Aussage von der Empfängnis durch den Heiligen Geist und der Jungfrauengeburt ist nicht wörtlich, wohl aber beim Wort zu nehmen. Gemeint ist, dass Gott in Jesus von Nazareth war, und zwar nicht erst von einem bestimmten Moment seines Lebens an, sondern von der Zeugung bis zu seinem Tod am Kreuz. Er war mehr als ein vom Geist erfüllter Prophet, nämlich ein Mensch, der in seiner ganzen Person als letztgültige Offenbarung Gottes zu verstehen ist. Er ist, wie man sagen kann, Gottes Wort in Person, so dass man nicht zwischen seiner Person und seinen Taten und Worten unterscheiden kann.

Von der wundersamen Geburt Jesu wissen nur das Matthäus- und das Lukasevangelium zu berichten. Sie verwenden ein Motiv, das in der römischen Kaiserzeit auch weltlichen Herrschern nachgesagt wurde, um ihren gottgleichen Rang zu unterstreichen. Wenn es heißt, dass Jesus auf solch wundersame Weise zur Welt gekommen sei, ist das keine medizinische Tatsachenbehauptung, sondern eine symbolische Aussage, mit denen der in Niedrigkeit zur Welt gekommene und am Ende von den Römern gekreuzigte Wanderprediger aus Nazareth zum wahren König erklärt wird. Das Symbol der Jungfrauengeburt ist somit eine geradezu politisch-kritische Aussage, durch die jeder weltliche Herrschaftsanspruch, Politik und Staat in ihre Schranken gewiesen werden. Es gibt zu denken, dass neben Maria einzig Pilatus, der römische Statthalter in Palästina zur Zeit Jesu, namentlich erwähnt wird.

Tod und Auferstehung Jesu aber sind Inbegriff der Liebe Gottes zu den Menschen und seiner Schöpfung. Das Johannesevangelium bringt es auf den Punkt: »So sehr hat Gott die Welt geliebt, dass er seinen einziggeborenen Sohn in die Welt sandte, auf das alle, die an ihn glauben, nicht verloren werden, sondern das ewige Leben haben.« (Johannes 3,16) Jesus von Nazareth hat diese Liebe Gottes zu seiner Schöpfung und seinen Geschöpfen auf radikale und konsequent gewaltlose Weise nicht nur verkündigt, sondern gelebt und durch seine Taten bezeugt, und das bis zum Tod am Kreuz.

Die Heilsbedeutsamkeit seines Kreuzestodes erschließt sich aber erst durch Jesu Auferstehung oder genauer: seiner Auferweckung von den Toten durch Gott. Wie die ersten Jünger zu der Gewissheit gelangt sind, dass Jesus nicht unter den Toten geblieben ist, bleibt Gegenstand historischer oder auch psychologischer Spekulationen. Was genau an Ostern geschehen ist, bleibt im Dunkeln. Angemerkt sei aber, dass das Apostolische Glaubensbekenntnis auf keine Details der Ostergeschichten in den neutestamentlichen Evangelien eingeht, die sich durchaus widersprechen. Paulus, von dem die ältesten Schriften des Neuen Testament stammen, erwähnt diese ebenfalls nicht, zum Beispiel auch nicht die Auffindung des leeren Grabes, über die auch das Apostolische Glaubensbekenntnis schweigt.

Historisch fassbar ist nicht die Auferweckung Jesu als raumzeitliches Geschehen, sondern nur der Osterglaube der Jünger. Das Ereignis von Ostern besteht darin, dass die Jünger zu der Gewissheit gelangt sind: Jesus von Nazareth ist in das ewige Leben Gottes hineingenommen worden. Er trat für seine Jünger lebend in Erscheinung, so dass ihnen Jesu Gegenwart als fortan lebensbestimmend gewiss war. Ostern bedeutet, dass Jesus in seiner Person, seinen Worten und seinem Wirken sich als lebendiges und bleibendes Wort Gottes erwiesen hat. Das Johannesevangelium legt Jesus Christus daher die Spitzenaussage in den Mund: »Ich und der Vater sind eins« (Johannes 10,30). Das bedeutet aber: »Wer mich sieht, der sieht den Vater« (Joh 14,9), den doch sonst kein Mensch je gesehen hat (Johannes 1,18; 6,46; 1. Johannes 4,12). In Jesus Christus den liebenden Vater sehen, ist ein geistlicher Vorgang. Es geschieht einzig und allein durch den Geist Gottes. Das eben ist mit Gottes Dreieinigkeit oder Dreifaltigkeit gemeint: kraft des Heiligen Geistes in Jesus Christus den liebenden Vater zu sehen.

Der Auferstandene ist als lebensbestimmende Macht gegenwärtig, wo immer das Evangelium von ihm verkündigt und auf unterschiedlichste Weise kommuniziert wird. Er ist gegenwärtig, wo zwei oder drei in seinem Namen zusammenkommen, um Gottesdienst zu feiern (Matthäus 18,20). Darin gründet die Hoffnung der Christen, dass auch sie über den Tod hinaus Anteil am ewigen Leben Gottes haben.

Für das Verständnis des Apostolischen Glaubensbekenntnisses ist entscheidend, dass seine Aussagen über den göttlichen Ursprung und das göttliche Wesen Christi, seinen Tod und seine Auferweckung als Ausdruck existentieller Glaubensgewissheit verstanden werden. Martin Luther formuliert es in seinem Kleinen Katechismus so: Ich glaube, dass Jesus Christus, der zugleich wahrer Gott und wahrer Mensch ist, »mein Herr« ist, »der mich verlornen und verdammten Menschen erlöset hat, [...] damit ich sein eigen sei und in seinem Reich unter ihm lebe und ihm diene in ewiger Gerechtigkeit, Unschuld und Seligkeit, gleichwie er ist auferstanden vom Tode, lebet und regieret in Ewigkeit.« So wird das Leben der Glaubenden frei von Lebens- und Todesangst, und so weht von der Auferstehung Jesu her »ein neuer, reinigender Wind in die gegenwärtige Welt«, wie Dietrich Bonhoeffer gesagt hat.

Ostern bedeutet die Erfahrung der göttlichen Macht der Liebe, die nicht nur stark wie der Tod, sondern stärker als dieser ist. So hat Paulus aus der persönlichen Erfahrung der Gegenwart des auferstandenen Christus die Gewissheit gewonnen, »dass weder Tod noch Leben, weder Engel noch Mächte noch Gewalten, weder Gegenwärtiges noch Zukünftiges, weder Hohes noch Tiefes noch irgendeine andere Kreatur uns scheiden kann von der Liebe Gottes, die in Christus Jesus ist, unserm Herrn« (Römer 8,38f.). Wo immer diese Gewissheit und Zuversicht in einem Menschen Platz greift, versteht dies der christliche Glaube als Wirken des auferstandenen Christus. Sie zeigt sich in der Erfahrung, dass die biblischen Zeugnisse von der befreienden Liebe Gottes Menschen lebendig erhalten und nicht abstumpfen lassen, Hoffnung vermitteln und Lebenssinn geben, aber auch Trost, wo das eigene Leben nicht gelingt. Da findet gewissermaßen ein persönliches Ostern statt, das zwar kein objektiver Beweis für die Auferweckung Jesu von den Toten ist, wohl aber eine Gewissheit für den, der glaubt.

Hoffnung

Wie Glaube und Liebe, so gehören auch der Glaube und die Hoffnung zusammen. Im Neuen Testament steht der Satz: »Es ist aber der Glaube eine feste Zuversicht auf das, was man hofft, und ein Nichtzweifeln an dem, was man nicht sieht.« (Hebräer 11,1)

Die Hoffnung ist das Gegenteil der Angst oder der Furcht, und beides sind höchst ambivalente Phänomene. In der Antike galt die Hoffnung keineswegs als Tugend. Der griechische Mythos erzählt von Pandora, in deren Büchse die Hoffnung als letztes Übel bleibt, welcher der Mensch nur allzu gern blind folgt, um sich selbst auf diese Weise ins Unglück zu stürzen. Aber auch die Angst ist, wie die griechischen Tragödien vor Augen führen, ein schlechter Ratgeber. Der römische Philosoph Epikur (341–271 v. Chr.) sieht in Angst und Hoffnung einen Krankheitszustand der Seele. Von ihm kann sich der Mensch befreien, indem er den Blick von der Zukunft abwendet und ganz auf die Gegenwart richtet. »Du wirst«, zitiert Seneca den stoischen Philosophen Hekaton, »aufhören zu fürchten, wenn du aufhörst zu hoffen.«

Im Kontrast dazu wertet das älteste Christentum die Hoffnung positiv, freilich nicht als allgemeine menschliche Eigenschaft. Die Hoffnung des Glaubens gründet vielmehr im Handeln Gottes, in Tod und Auferstehung Jesu. Sie hofft nicht ins Blaue hinein, sondern hält sich an Gottes Verheißungen. Diese Hoffnung gedeiht gerade in der Bedrängnis und in der Anfechtung, wie Paulus ausführt: »Wir wissen, dass Bedrängnis Geduld bringt, Geduld aber Bewährung, Bewährung aber Hoffnung. Hoffnung aber lässt nicht zuschanden werden; denn die Liebe Gottes ist ausgegossen in unsere Herzen durch den heiligen Geist, der uns gegeben ist.« (Römer 5,3–5) Das ist nicht die Art von Hoffnung, von der man sagt, sie sterbe zuletzt, sondern eine begründete Hoffnung, die stark ist wie der Tod.

Solche Hoffnung ist mehr als ein bloßes Wünschen und auch nicht mit einem natürlichen Optimismus zu verwechseln, der in ungewisser Situation auf einen guten Ausgang hofft, solange die Dinge noch nicht feststehen, während Pessimisten stets mit einem schlechten Ausgang rechnen. Die Hoffnung des Glaubens, dass am Ende alles gut wird, gründet sich nicht auf den Zustand der Welt und ihre Gesetzmäßigkeiten und auch nicht auf wissenschaftliche Prognosen. Sie gründet in Gott, der keine innerweltliche Erscheinung ist. Sie vertraut auf den Gott, der das, was nicht ist, ins Sein ruft und die Toten lebendig macht.

Mit der Hoffnung wird aber auch die Angst für den christlichen Glauben thematisch. Die dem Glauben gemäße Angst ist keineswegs nur jene Gottesfurcht, die schon nach Psalm 111,10 der Weisheit Anfang ist. Gemeint ist auch nicht die Angst als menschliche Grundbefindlichkeit. Es handelt sich um die Erfahrung von Angst als Form und Folge der Anfechtung und Bedrängnis, in welche die Glaubenden in der Nachfolge Christi geführt werden. Diese Erfahrung gehört zum Leben im Horizont der kommenden Gottesherrschaft, die Jesus verkündigt hat und um die seine Jünger im Vaterunser bitten.

Statt von Hoffnung können wir auch von Zuversicht sprechen. Die Zuversicht, die im Vertrauen auf Gott gründet, ermutigt auch zum Handeln. Sie gibt Mut. Nicht völlige Angstlosigkeit, sondern vielmehr ein spezifischer Mut zur Angst zeichnet den christlichen Glauben aus. Deshalb kann es in Johannes 16,33 heißen: »In der Welt habt ihr Angst; aber seid getrost, ich habe die Welt überwunden.« Was es heißt, in solcher Zuversicht zu leben, beschreibt Paulus in 2. Korinther 4,8–9: »In allem sind wir bedrängt, aber doch nicht eingeengt. Wir wissen nicht, wo aus noch ein, aber den Weg verlieren wir dennoch nicht. Verfolgt werden wir, aber nicht im Stich gelassen; zu Boden geworfen, aber nicht zunichte gemacht.«

Christlicher Glaube ist Mut zum fraglichen Sein, der selbst am Zerbrechen einer heilsgeschichtlich-utopischen Perspektive nicht irre wird. Auch in Zeiten des Klimawandels und globaler Pandemien wie dem COVID-19-Virus starrt er weder ängstlich gebannt auf das Weltende, noch gibt er sich der apokalyptischen Lust am Untergang hin, sondern bejaht das von Gott bejahte Leben und die von ihm bejahte Welt durch seinen tätigen Einsatz für beide im Hier und Jetzt.

In seiner Daseinshaltung ähnelt er weniger Prometheus als Sisyphos, der sich bei Albert Camus dem Absurden stellt und gegen es revoltiert. Im Zeichen globaler Gefahren ist Camus als Gesprächspartner der Theologie wiederzuentdecken. Sein Mythos von Sisyphos beschreibt die Haltung des Mutes, sich angesichts des Absurden zu bejahen. Christlicher Glaube kommt dieser Haltung denkbar nahe. In beiden Fällen wird dem Nihilismus widerstanden. Im Unterschied zum Mut, von dem Camus spricht, ist der christliche Glaube, um mit Paul Tillich zu sprechen, allerdings der Mut, sich und die Welt zu bejahen als von Gott bejaht.

In der Gewissheit, dass Gott in Jesus Christus sein großes Ja zu uns Menschen gesprochen hat, gründet die Hoffnung, dass Gott seiner Schöpfung treu bleibt und sie vollenden wird. Wer die Welt so liebt, dass mit ihr alles verloren zu sein scheint, ohne sich verzweifelt an sie zu klammern, spricht ihr einen unbedingten Sinn zu, den sie nicht von sich aus hat und der auch nicht der heute bisweilen romantisch verklärten Natur eingeschrieben ist. Auch bleibt dieser Sinn menschlicher Verfügungsmacht entzogen. Er kann dem menschlichen Handeln nur adventlich zu-kommen. Christlicher Glaube produziert nicht, sondern proklamiert einen Sinn des Lebens und der Welt, der beiden einzig von Gott her zukommen kann und selbst noch angesichts der möglichen Selbstzerstörung der Menschheit Bestand haben wird.

Die Hoffnung des Glaubens wird auch im → **Apostolischen Glaubensbekenntnis** ausgesprochen, allerdings in denkbar knappen Worten. Zunächst ist davon die Rede, dass Christus zum Jüngsten Gericht erscheinen wird. Das mögen viele Menschen heute für pure Mythologie halten. Bedenkt man aber, wie sehr unsere moderne Gesellschaft in allen Lebensbereichen zum Tribunal geworden ist, in der sich Menschen über andere erheben und zu Gericht sitzen, ist der Gedanke geradezu tröstlich, nicht von Menschen, sondern von Gott gerichtet zu werden. Genauer: Wenn Christus als Richter erscheint, so nicht, um uns zu vernichten, sondern um uns aufzurichten. Der Heidelberger Katechismus (1563), Grundtext der reformierten Tradition, versteht die Wiederkunft Christi als tröstliche Hoffnung. Wer an Christus glaubt, darf dem Gericht Gottes erhobenen Hauptes und voll Zuversicht entgegenschauen. Der Gedanke des Jüngsten Gerichts ist Ausdruck einer Hoffnung auf letzte Gerechtigkeit, und zwar gerade für die Opfer der Geschichte, von Gewalt und menschlicher Bosheit, die Hoffnung auf eine letzte Versöhnung, bei der die Mörder nicht länger über ihre Opfer triumphieren. Möglich ist diese Hoffnung nur aufgrund der biblischen Aussage, dass Gott zwischen Person und Tat unterscheidet. So bleiben auch die Täter – und wer von uns kann sich von jeder Schuld freisprechen – Gottes Geschöpfe, während Gott ihre Taten richtet und vernichtet.

Sodann spricht das Glaubensbekenntnis von der Auferstehung der Toten und dem ewigen Leben. Wie wir uns beides vorzustellen haben, wird nicht gesagt. Einer ausufernden religiösen Phantasie wird ein Riegel vorgeschoben. Es ist auch nicht von der Hölle oder einem Fegfeuer die Rede, wie es die katholische Tradition kennt. In großer Zurückhaltung, aber doch von Gewissheit getragen, drückt sich schon im Alten Testament die Hoffnung auf ewiges Leben aus. Im 73. Psalm heißt es: »Dennoch bleibe ich stets an dir; denn du hältst mich bei meiner rechten Hand, du leitest mich nach deinem Rat und nimmst mich am Ende mit Ehren an. Wenn ich nur dich habe, so frage ich nichts nach Himmel und Erde. Wenn mir gleich Leib und Seele verschmachtet, so bist du doch, Gott, allezeit meines Herzens Trost und mein Teil.« (Psalm 73,23–26) Mehr zu sagen ist nicht vonnöten, um die christliche Hoffnung im Angesicht des Todes zum Ausdruck zu bringen.

Die Sprache der Hoffnung ist eine bildhafte Rede, die sich dem Geheimnis ewigen Lebens anzunähern versucht. Die

Bilder dürfen nicht buchstäblich, wohl aber beim Wort genommen werden. Der Tod bedeutet aus der Sicht dessen, der stirbt, den Abbruch aller Beziehungen und Kommunikationsmöglichkeiten. Der Glaube aber ist gewiss, dass Gottes Beziehung zu uns nicht endet, wenn wir sterben müssen, sondern dass sie unseren Tod überdauert. Gottes Beziehung zu uns aber ist seine ewige Liebe. Sie ist stärker als lediglich eine liebevolle Erinnerung. Sie ist vielmehr stark wie der Tod und ruft neu ins Sein, was im Tod endgültig der Vernichtung preisgegeben zu sein scheint. Vielleicht darf man sagen, dass der Glaube auf die Verewigung der Liebesbeziehung zwischen Gott und Mensch als einer *lebendigen* Beziehung hofft.

Dieser Gedanke lässt sich nicht in raumzeitlichen Kategorien erfassen. Auch die physische Vorstellung einer leiblichen Auferstehung der Toten bleibt ein Bild. Doch hat gerade dieses Bild einen bleibenden Sinn, weil es die Einsicht zur Geltung bringt, dass wir als leibliche Wesen existieren, sowohl in der Welt als auch in der Beziehung zu Gott. Wir haben nicht nur einen Leib, sondern wir sind auch dieser in leiblich-seelischer Ganzheit. Dass wir nicht nur einen Leib haben, sondern auch Leib sind, wird uns spätestens dann bewusst, wenn wir am eigenen Leibe Krankheit, den Prozess des Alterns und physischen Verfall erleben.

Zu unserer Persönlichkeit, die kraft der göttlichen Liebe in einer ewigen Beziehung zu Gott steht, gehört nicht nur unser Leib, sondern auch unsere Lebensgeschichte, die sich in Raum und Zeit abspielt. Die ewige Beziehung Gottes zum Menschen schließt überdies seine ewige Beziehung zur gesamten Schöpfung ein, deren Teil wir Menschen sind. Diese beiden Gesichtspunkte werden durch die Bildwelt der leiblichen Auferweckung der Toten wie auch eines neuen Himmels und einer neuen Erde zum Ausdruck gebracht. Die individuelle Hoffnung auf das ewige Leben ist daher eingebettet in die universale Hoffnung auf die Erlösung der gesamten Schöpfung.

Vor allem sei aber unterstrichen, dass die christliche Hoffnung keine individualistische, egoistisch nur auf den Einzelnen gerichtete, sondern eine solidarische Hoffnung für andere ist. In Thomas Manns Roman »Der Zauberberg« heißt es an einer Stelle, man dürfe dem Tod um der Liebe willen keinen Raum im eigenen Denken geben. Damit ist nicht der Verdrängung des Todes und der eigenen Sterblichkeit das Wort geredet. Vielmehr können wir in den Worten Thomas Manns ein Echo des paulinischen Wortes vernehmen, dass die Liebe niemals aufhört. Um der Liebe willen auf die Auferstehung derer zu hoffen, die vor uns sterben, ist Ausdruck jener universalen Liebesgemeinschaft, in die wir durch Jesus Christus gestellt sind. Das schließt die Hoffnung ein, mit geliebten Menschen, die wir durch Tod oder Entfremdung verloren haben, in Gott vereint zu werden, aber auch mit Menschen, denen wir Unrecht getan haben, so dass es zu einer endgültigen Versöhnung kommt.

Mehr zu sagen wäre theologisch nicht zu verantworten. Das von der christlichen Hoffnung gedanklich Intendierte kann eben nur in bildhafter Sprache ausgesagt werden. Diese Sprache ist aber nach ihrem existentiellen Sinn zu befragen. Statt zu fragen, was nach dem Tode kommt, ist nach der christlichen Hoffnung im Hier und Jetzt zu fragen, d. h. im Angesicht unseres eigenen bevorstehenden Todes sowie angesichts des Todes der anderen, die vor und neben uns sterben. Ist der Auferstehungsglaube letztlich nichts anderes als die Form des christlichen Gottesbegriffs, demzufolge Gott seinem Wesen nach Liebe ist, so besteht sein existentieller Sinn in der Gewissheit, dass uns – wie Paulus im Römerbrief (8,38f.) schreibt – nichts von der Liebe Gottes scheiden kann, nicht einmal der Tod.

Freiheit

Glaube, Liebe und Hoffnung haben eine befreiende Wirkung. Das Evangelium von Jesus Christus ist eine Freiheitsbotschaft. Der Philosoph Johann Gottlieb Fichte (1762–1814) hat das Christentum daher treffend als Religion der Freiheit und der Gleichheit bezeichnet. Insbesondere die Reformatoren des 16. Jahrhunderts haben das Evangelium als Ruf der Freiheit vernommen. Sie haben die Freiheit als Inbegriff des Evangeliums von Jesus Christus neu entdeckt und zur Geltung gebracht, zugleich aber auch die Gleichheit im Sinne des Priestertums aller Gläubigen. Und tatsächlich hat die Reformation nicht nur religiöse, sondern auch politische und gesellschaftliche Umbrüche hervorgerufen, die bis heute nachwirken.

Die Pointe von Martin Luthers Freiheitsverständnis liegt freilich darin, dass der Mensch nicht etwa *zu* sich selbst, sondern *von* sich selbst befreit werden muss. Nicht in kirchlichen oder politischen Freiheitsforderungen, sondern in der Rechtfertigungslehre liegt das Zentrum der Freiheitslehre Luthers. Man missversteht sie, wenn man seine Botschaft von der Rechtfertigung des Sünders auf die Formel verkürzt, Gott nehme jeden Menschen so an, wie er ist, und gebe uns die Kraft, mit uns Freundschaft zu schließen, frei nach dem Motto: »Ich bin ok, du bist ok.« Luther wird dagegen nicht müde zu erklären: Nicht weil, sondern obwohl wir so sind, wie wir sind, nimmt Gott uns bedingungslos an. Wir sollen aber nicht die bleiben, die wir sind, sondern um Christi willen verändert und neu werden. Damit erst vollendet sich Gottes gute Schöpfung: Wenn wir zu dem Menschen werden, als den Gott uns ansieht.

Auch dieser Gedanke kann zu Missverständnissen führen. Dann wird aus der Zusage, dass Gott uns durch Christus und seinen Geist von Grund auf neu macht, der moralische Appell: »Du musst dein Leben ändern!« Wir finden ihn nicht nur in einer Gedichtzeile von Rainer Maria Rilke (1875–1926). Er hat auch in Psychotherapie und Coaching Konjunktur. Wir mögen tatsächlich die Kraft haben, uns und unser Leben in gewissem Ausmaß zu verändern. Wir haben aber nicht die Kraft, uns selbst und die Welt zu erlösen. Das kann nur Gott allein. Anstelle der Forderung: »Du musst dein Leben ändern!«, lesen wir bei Paulus die Zusage: »Ist jemand in Christus, so ist er eine neue Kreatur« (2. Korinther 5,17). Doch dieses neue Leben zeigt sich nur anfangsweise. Wir sind, wie Luther sagt, gerechtfertigt und Sünder zugleich. Vollendet wird das neue Leben erst durch den Tod hindurch, auch wenn wir schon hier und jetzt von Gott aus den Gräbern gerufen werden, die wir uns selbst geschaufelt haben.

Von Haus aus ist der Mensch stets um sich selbst besorgt. Er kreist um sich und neigt dazu, auch die übrigen Menschen seinen eigenen Zwecken und Wünschen dienstbar zu machen. Das Gleiche geschieht in der Religion, wenn der Mensch versucht, auch Gott seinen eigenen Vorstellungen und Bedürfnissen zu unterwerfen. Auf uns selbst zurückgeworfen und fixiert, sind wir im Grunde einsame Wesen, die einander die Liebe schuldig bleiben und Gott als den Grund unseres Daseins verleugnen. Aus dieser Einsamkeit und Selbstfixiertheit werden wir nach Luther durch Jesus

Christus befreit. Wo das einsame und um sich selbst besorgte Ich ist, soll Christus werden, der uns für Gott und den Mitmenschen öffnet. Durch Christus, so Luther, werden die Menschen zu einem Glauben befreit, der Gott bedingungslos im Leben und im Sterben vertraut, weil er sich von Gott bedingungslos angenommen weiß. Gott, so Luther, liebt uns Menschen ohne Vorleistungen und senkt die Liebe zu ihm und unseren Mitmenschen in unser Herz.

Die Reformation kann uns den Blick schärfen für die Ambivalenzen und Gefährdungen der Freiheit in der heutigen Gesellschaft. Einerseits herrscht heute ein Maß an individueller Freiheit und Vielfalt der Lebensweisen, wie dies noch vor 50, 60 Jahren kaum denkbar erschien. Die bürgerliche Freiheit oder auch die Freiheit des Konsumenten erzeugt freilich nur zu oft einen Schein von Freiheit. Die Freiheit ist nicht nur durch äußere Zwänge, sondern auch durch innere Unfreiheit bedroht. Und der Zuwachs an Freiheit und Eigenverantwortung wird von vielen Menschen als Last, wenn nicht gar als Überforderung empfunden.

Zu den Impulsen der Reformation gehört ein Verständnis von Freiheit und Verantwortung, das sich beispielsweise vom Neoliberalismus abhebt, der radikal auf das freie Spiel der Marktkräfte setzt und ihnen alle anderen Lebensbezüge unterordnet. Die Reformatoren haben von einer Freiheit gesprochen, die sich nur in der Gemeinschaft mit Gott und den Menschen verwirklichen lässt. Die reformatorische Botschaft der Freiheit ist freilich auch von nationalistischen Freiheitsparolen scharf zu unterscheiden. Der Gott, der in Jesus Christus Mensch geworden ist, ist kein Nationalgott und seine Gemeinschaft keine auf Ausgrenzung bedachte

Volksgemeinschaft. Die nationalistische Vereinnahmung der Freiheitspredigt Luthers in der deutschen Geschichte gehört vielmehr zu den historischen Verirrungen des Protestantismus.

Die biblische Botschaft von der Rechtfertigung des Sünders allein durch den Glauben ist eine Freiheitslehre, die auch für die Ethik erhebliche Konsequenzen hat. Luthers Schrift »Von der Freiheit eines Christenmenschen« (1520) beginnt mit einer paradox anmutenden Doppelthese: »Ein Christenmensch ist ein freier Herr über alle Dinge und niemand untertan. Ein Christenmensch ist ein dienstbarer Knecht aller Dinge und jedermann untertan.« Schon bei Paulus lesen wir in 1. Korinther 9,19: »Obwohl ich frei bin von jedermann, habe ich mich selbst doch jedermann zum Knecht gemacht, damit ich möglichst viele gewinne.« Neben dieser Aussage zitiert Luther Römer 13,8: »Seid niemand etwas schuldig, außer, dass ihr euch untereinander liebt.«

Die Art und Weise, in der Luther Freiheit und Knechtschaft zusammendenkt, ist häufig so verstanden worden, als ginge es um den Gegensatz zwischen äußerer Fremdbestimmung und innerer Autonomie. Die christliche Freiheit bliebe demnach auf die Innerlichkeit des Menschen beschränkt und würde sich durchaus mit einer ständischen Gesellschaftsordnung, einem Obrigkeitsstaat und autoritären Strukturen im Alltagsleben vertragen. Tatsächlich hat Luther die ständische Gesellschaftsordnung seiner Zeit nicht grundsätzlich in Frage gestellt. Dennoch enthält sein Freiheitsverständnis ein Potential, das auch unter den Bedingungen unserer modernen, demokratisch verfassten Gesellschaft bedeutsam bleibt. Wolfgang Huber, ehemaliger evangelischer Bischof von Berlin-Bandenburg-schlesische Oberlausitz, spricht von ›kommunikativer Freiheit‹. Damit ist gemeint: Weil der Mensch nur durch die Liebe im anderen zu sich selbst kommen kann, kann Freiheit nur in Beziehungen gedeihen und verwirklicht werden. Die Freiheit des Glaubens hat ihren Grund in Gott, der in Jesus Christus Mensch geworden und so mit uns Menschen in Beziehung getreten ist. Es besteht aber nicht nur die Beziehung zwischen Gott und uns Menschen, sondern auch die Beziehung zwischen Vater, Sohn und Heiligem Geist in Gott selbst. Die Aussage, daß Gott dreifaltig und zugleich dreieinig ist, bedeutet, dass die ewige Liebe, die Gott seinem Wesen nach ist, immer schon als Beziehungsgeschehen zu denken ist. Gott ist zugleich der Liebende (Vater), der Geliebte (Sohn) und die beide verbindende Liebe (Heiliger Geist). Wie der Vater nur durch den Sohn Vater ist, so ist auch der Sohn nur durch den Vater Sohn. Und beides ereignet sich im Geist der Liebe.

Die christliche Freiheit gründet in der Kommunikationsgemeinschaft des dreieinigen und in Christus menschgewordenen Gottes mit dem Menschen. Freiheit, Liebe, Verantwortung und Gerechtigkeit sind Grundbegriffe evangelischer Ethik. Freiheit in Beziehung zu Gott und den Menschen sowie in der Beziehung der Menschen untereinander will in Verantwortung gelebt werden. Auch kann sie nicht ohne Gleichheit bestehen, die im Priestertum aller Gläubigen zum Ausdruck kommt. Freiheit und Gleichheit wiederum sind nicht ohne Gerechtigkeit zu denken.

Christliche Freiheit ist Freiheit von Gesetz, Sünde und Tod. Aber sie ist zugleich Freiheit für Gott und den Mitmenschen. Recht verstanden ist sie freilich nicht so sehr eine Freiheit zum Tun, sondern eine Freiheit des Lassens. Die vermeintliche Freiheit des Handeln*könnens* stellt sich im alltäglichen Leben als Zwang des Handeln*müssens* heraus. Aus Glauben leben heißt, vom permanenten Zwang zum Handeln frei zu werden. Die befreiende Botschaft des Evangeliums besagt, dass der Mensch sich durch sein Handeln weder definieren kann noch zu rechtfertigen braucht. Diese Einsicht befreit auch vom heute in Gesellschaft und Kirche um sich greifenden Moralismus.

Die Freiheit des Sein-Lassens besteht darin, Gott Gott und den Mitmenschen ihn selbst sein zu lassen. Gott Gott sein zu lassen bedeutet nicht, sich von Gott abzuwenden, sondern im Gegenteil ihm den Platz einzuräumen, der ihm gebührt. Im christlichen Sinne zu glauben und sein Vertrauen auf Gott zu setzen bedeutet, sich nicht länger zum Gott aufzuspielen, auch nicht in Gestalt des moralischen Richters, der über das Gewissen und die Handlungen anderer sein rigoroses Urteil fällt. Den Anderen sein zu lassen bedeutet, ihm sein Existenzrecht weder mit Worten noch mit Taten streitig zu machen. Diese Haltung ist aber nicht mit Gleichgültigkeit zu verwechseln. Die Freiheit des Sein-Lassens schließt vielmehr die Sorge um den Mitmenschen ein, dem wir das Seine zukommen lassen sollen, was er nötig hat. Freiheit paart sich daher mit Verantwortung, Liebe und Wohlwollen.

Auch im Umgang mit der Natur zeigt sich die Bedeutung einer im Glauben begründeten Ethik des Lassens. Freiheit im Umgang mit der Natur besteht gerade nicht im willkürlichen Umgang mit anderen Lebewesen und natürlichen Ressourcen, sondern sie erweist sich darin, dass wir Dinge lassen, die wir tun könnten, um durch solchen Verzicht und solche Selbstbeschränkung der Natur das Ihre zuzugestehen.

Mit alledem soll nicht einer neuen christlichen Moral, gewissermaßen einer ›sanften Ethik‹, das Wort geredet werden. Der Glaube ist nicht mit einem bestimmten moralischen Verhalten oder Lebensstil zu verwechseln. Dass uns Christus zur Freiheit befreit hat, bedeutet nicht zuletzt, dass wir von moralischen Appellen der Form »Als Christen sollten wir doch …« befreit werden. Recht verstanden besteht die Freiheit eines Christenmenschen in der Vergewisserung: »Als Christen brauchen wir nicht …«

Dies ist die Freiheit reiner Empfänglichkeit, von der bereits weiter oben die Rede war. Wir können nur handeln, weil wir uns selbst gegeben sind. Dabei sind wir aber unserem eigenen Handeln zugleich entzogen. Wir Menschen sollen eben nicht nur Täter des Wortes sein, wozu uns der Jakobusbrief (1,22) auffordert, sondern auch Hörer des Wortes, kommt doch der Glaube aus dem Hören, wie Paulus in Römer 10,17 schreibt. Der glaubende Mensch ist ganz Ohr. Im Hören zeigt sich die Empfänglichkeit des Glaubens, die auch in unserem Tun bestimmend bleibt. Wo das Hören nicht gegen das Tun ausgespielt wird, bringt es jene Freiheit zur Darstellung, zu der uns Christus befreit. Gerade dadurch, dass sie sich nicht permanent im Handeln verwirklichen will, gewinnt diese Freiheit ethische Relevanz.

Beten

Die erste Antwort des Glaubens auf Gottes Wort und Anrede ist nicht das Tun, sondern das Gebet. Jedes Gebet ist immer auch ein Bekenntnis zu Gott, weil der Glaube an Gott im Gebet praktisch vollzogen wird. In diesem Sinne lässt sich auch der Satz des Paulus in 1. Thessalonicher 5,17 verstehen: »Betet ohne Unterlass!«

Dass man mit der Wirklichkeit Gottes und Gegenwart Gottes rechnet, kann man nicht anders beweisen, als dass man zu ihm betet. Alles Reden *über* Gott oder *von* Gott bewährt sich darin, ob oder wie *zu* Gott gesprochen wird. Darauf verweist sogar die Etymologie des deutschen Wortes »Gott«. Es bedeutet nämlich ursprünglich »ein Wesen, das man (im Gebet) anruft«. Jedes Gebet setzt einen mehr oder weniger personalen Gottesgedanken voraus, wie umgekehrt der Glaube an einen Gott im Gebet seinen ursprünglichsten Ausdruck findet. Jedes Gebet aber ist Anrufung (eines) Gottes, die voraussetzt, dass dieser sich zuvor zu erkennen gegeben, den Beter also seinerseits in irgendeiner Weise zuvor bereits angeredet hat.

In Bitte, Lob und Klage stellt sich der Beter ganz in die Beziehung zu Gott, die er doch nicht von sich aus aufbaut, sondern in die er durch Gott selbst hineingenommen wird. Insofern drückt sich im Gebet die Grundpassivität des Glaubens aus, der sich nicht sich selbst verdankt.

Beten ist aber keine Ersatzhandlung, als stünden Beten und Handeln im Gegensatz zueinander. Vielmehr soll das

Gebet unser Tun und Lassen beständig begleiten, so wie das Ein- und Ausatmen. Luther sagte einmal: »Ich habe heute viel zu tun, darum muss ich heute viel beten.« Das Gebet kann eine Kraftquelle zum Leben und Handeln sein. Es kann aber auch der Ort sein, an dem wir einüben, wann unser Widerstand und wann unsere Ergebung in das, was uns widerfährt gefordert ist. Das Gebet ist Ort des Lobes und somit Ausdruck der Lebensfreude. Es kann aber auch in der Klage, die sich möglicherweise bis zur Anklage gegen Gott steigert – denken wir an Hiob! –, ein Ausdruck des Protestes sein.

Das Gebet kann als Weltflucht missverstanden werden. Wer sich im Gebet für Gott öffnet, wird jedoch ganz neu aufmerksam für die Welt und die Menschen um ihn herum. Das Beten hat seine Zeit, wie auch das Handeln seine Zeit hat. Im Gebet finde ich Kraft und Orientierung für mein Tun.

Statt Zwiesprache mit Gott ist unser Gebet oft viel eher ein Selbstgespräch. Gott bleibt stumm. Oder besser gesagt: Er kommt nicht zu Wort, weil wir ihm ständig über den Mund fahren. Wer Gott sprechen hören will, muss schweigen können. Im Schweigen unserer Sprache kommt Gott zu Worte. Beten können heißt schweigen können. Beten lernen heißt schweigen lernen. »Und ich ahnte«, hat der französische Dichter Antoine de Saint-Exupéry (1900–1944) notiert, »daß das Erlernen des Gebets im Erlernen des Schweigens besteht, und daß dort erst die Liebe beginnt, wo kein Geschenk mehr zu erwarten ist. Die Liebe ist vor allem Übung des Gebets und das Gebet Übung des Schweigens.«

Diese Erfahrung hat auch ein leidenschaftlicher Beter wie Dag Hammerskjöld (1905–1961), der zweite Generalsekretär in der Geschichte der Vereinten Nationen, gemacht: »Als mein Gebet immer andächtiger wurde, da hatte ich immer weniger und weniger zu sagen, zuletzt wurde ich ganz still. So ist es: Beten heißt nicht sich selbst reden hören, beten heißt still werden und still sein, bis der Betende Gott hört.«

Wir wissen freilich aus Erfahrung, wie schwer es ist, still zu werden. Wir leben in großer Unrast. Im Arbeitsleben zählen Leistungsfähigkeit, Ideenreichtum und Geschwindigkeit, denn die Konkurrenz schläft nicht. Der Termindruck lässt uns keine Zeit zur Besinnung. Wir rennen und hasten durch eine laute Welt. Und wehe dem, der nicht Schritt halten kann oder die Kraft zum Laufen nicht hat.

Lärm macht besinnungslos. Er übertönt die Leere des Lebens, die sich einstellt, wenn wir nicht zur Besinnung kommen. Auch der vielfältig beklagte Verlust Gottes lässt sich darauf zurückführen, dass seine Stimme vom Lärm der modernen Welt übertönt wird. Je lauter der Mensch ist, desto leiser wird Gott. Ja, wir können so laut und rastlos werden, dass wir Gott überhaupt nicht mehr hören. Wir bringen Gott zum Schweigen. Und tatsächlich kann Gott schweigen. Mitten im Lärm unseres Lebens hören wir auf einmal das Schweigen Gottes. Nichts ist unheimlicher als dieses Schweigen Gottes.

Alle Sprache, die etwas zu sagen hat und kein bloßes Gerede ist, kommt aus der Stille. In der Stille der Sprache kann das Schweigen Gottes sein Ende finden, so dass er neu zu reden beginnt und sich hörbar macht. Gott liebt die leisen Töne. Das erlebte der Prophet Elia am Gottesberg. Er suchte Gott, aber der erschien nicht im brüllenden Sturm und nicht im Getöse des Erdbebens und nicht im Brausen des Feuers.

Nein, Gott erschien im Flüstern eines leisen Wehens, in einem »verschwebenden Schweigen«, wie Martin Buber übersetzt hat.

Wer Gott hören will, muss sein Ohr schulen in der Stille der Sprache. Eine Schule des Schweigens ist das Gebet. Rechtes Beten will freilich gelernt sein. Wie gern möchten wir Gott reden hören, aber wir bleiben mit uns selbst beschäftigt, fahrig und zerstreut. Wir verlieren uns in unseren Gedanken und bleiben für Gottes Reden verschlossen.

Wie sollen wir beten? Und was? Selbst einem Apostel Paulus war diese Frage nicht fremd. »Wir wissen nicht, was wir beten sollen«, gesteht er sich und seinen Lesern in Römer 8,26. In solchen Momenten sei es der Geist Gottes, der unserer Schwachheit aufhelfe und an unserer Stelle bete.

Bei Matthäus und Lukas sind es die Jünger, die Jesus bitten, sie beten zu lehren. Er gibt ihnen darauf das → **Vaterunser**. Es ist das Gebet der Christenheit schlechthin und geht wohl tatsächlich auf Jesus selbst zurück, der sich dabei an jüdische Vorlagen anlehnen konnte. Das Judentum zur Zeit Jesu unterschied sich von der hellenistisch-römischen Umwelt durch seine Treue im Gebet. »Jesus kommt aus einem Volk, das zu beten verstand.« (Joachim Jeremias) Das Gebetbuch Israels ist der Psalter. Als Teil des Alten Testaments sind die Psalmen Israels auch zum Gebetbuch der Christenheit geworden. Einer der bekanntesten und wohl am häufigsten gebeteten Psalmen ist der → **23. Psalm**. Aber auch andere Psalmen haben in der christlichen Tradition ihren festen Platz, darunter die sieben Bußpsalmen (Psalm 6, 32, 38, 51, 102, 130, 143). Der → **51. Psalm** war für Martin Luther ein theologischer Schlüsseltext. Viele Kirchenlieder sind Psalmennachdichtungen. In der reformierten Tradition ist der Genfer Psalter von 1539, dem weitere Ausgaben folgten, bis heute bedeutsam.

Das Vaterunser ist uns in zwei Fassungen überliefert worden, einer kürzeren in Lukas 11,2–4 und einer längeren in Matthäus 6,9–13. Die gesamtchristliche Tradition folgt der matthäischen Fassung, die später noch um den Lobpreis erweitert wurde: »Denn dein ist das Reich und die Kraft und die Herrlichkeit in Ewigkeit.« Nach Matthäus besteht das Vaterunser aus sieben Bitten. Fasst man die Worte »Und führe uns nicht in Versuchung, sondern erlöse uns von dem Bösen« als eine Bitte auf, besteht das Gebet aus sechs Bitten, von denen die ersten drei sich an Gott richten, die Heiligung seines Namens, das Kommen seines Reiches und die Durchsetzung seines göttlichen Willens. Die übrigen drei beziehungsweise vier Bitten richten sich an die Jünger, nämlich die Bitte um das tägliche Brot, die Vergebung der Schuld, die Bewahrung vor der Versuchung oder Anfechtung sowie die Erlösung vom Bösen.

Das Vaterunser ist nicht nur eine Schule des Betens, sondern lässt sich auch als Summe der Verkündigung Jesu verstehen. Nach christlicher Überzeugung hat sich Gott letztgültig in der Person Jesu von Nazareth, in seinem Leben und Sterben offenbart. Von Gott lässt sich folglich nur reden, indem zugleich von Jesus von Nazareth gesprochen wird. Zum Gott Jesu Christi lässt sich nur sprechen, indem im Namen Jesu gebetet wird. In elementarer Form geschieht dies, indem die Glaubenden im Namen Jesu das Gebet sprechen, das er selbst seine Jünger zu beten gelehrt hat. Jedes Mal, wenn das Vaterunser gebetet wird, sei es gemeinschaftlich im Gottesdienst oder auch von einem Einzelnen, handelt es sich um den praktischen Vollzug des christlichen Glaubens. Das Gebet ist zugleich immer auch ein Akt, den persönlichen und mit anderen geteilten Glauben zu bekennen.

Im Namen Jesu wird Gott - der Gott Israels - als Vater angesprochen. Jesus selbst hat Gott als Vater angeredet, und wie er im Neuen Testament als Sohn Gottes bezeichnet wird, so werden auch seine Jünger zu Kindern Gottes. Im Glauben und im Gebet sind sie mit Jesus gleichsam zu einer Familie zusammengeschlossen, die nicht aufgrund von biologischer Herkunft besteht (vgl. Matthäus 12,46–50) und in der alle Rangunterschiede zwischen Juden und Nichtjuden, Männern und Frauen, Sklaven und Freien, Armen und Reichen aufgehoben sind (vgl. Galater 3,28). Mit der *Anrede Gottes als Vater* setzt das Gebet gewissermaßen mit einer Heilszusage ein (Eduard Lohse). Weil es seinen Jüngern von ihm selbst gegeben ist, steht das Beten des Vaterunsers unter der Verheißung, von Gott tatsächlich gehört und erhört zu werden: »Denn euer Vater weiß, was ihr bedürft, bevor ihr bittet.« (Matthäus 6,8) Im Beten des Vaterunsers spricht sich also die Gewissheit aus, die dem Glauben wesentlich ist.

Auch das → **Apostolische Glaubensbekenntnis** tituliert Gott, den Schöpfer des Himmels und der Erde, als Vater. Diese Anrede darf nicht anthropomorph (Gott vermenschlichend) oder patriarchalisch missverstanden werden. Gott hat im Alten Testament auch mütterliche Züge. Im Buch des Propheten Jesaja heißt es, Gott habe Israel vom Mutterleib an gebildet und gemacht (Jesaja 44,2.24). Gott wird mit einer Gebärenden verglichen (Jesaja 42,14), und in Jesaja 66,13 verspricht Gott seinem Volk: »Ich will euch trösten, wie einen seine Mutter tröstet.«

Die *Bitte um die Heiligung des Namens Gottes* (»dein Name werde geheiligt«) ist in Verbindung mit den → **Zehn Geboten** zu verstehen. Nach Luthers Zählung fordert das zweite Gebot, den Namen Gottes nicht unbedacht zu führen und zu missbrauchen. Es besteht aber auch eine Verbindung zur Taufe, waren doch die ersten christlichen Gemeinden davon überzeugt, dass alle, die auf den Namen des erhöhten Christus getauft sind, dadurch geheiligt werden (1. Korinther 6,11).

Die *Bitte um das Kommen des Gottesreiches* (»dein Reich komme«) führt uns in das Zentrum der Verkündigung Jesu, der die anbrechende Gottesherrschaft nicht nur verkündigt, sondern auch durch seine Taten und seinen Umgang mit Sündern und Zöllnern, seine Tischgemeinschaft mit ihnen, schon hat anbrechen lassen.

Der Wille Gottes, um dessen Verwirklichung in der *dritten Bitte* des Vaterunsers gebeten wird (»dein Wille geschehe«), ist in seinen Geboten ausgesprochen, allen voran im Doppelgebot der Liebe und in den Zehn Geboten, von denen noch ausführlicher die Rede sein wird.

Mit der *vierten Bitte* (»unser tägliches Brot gib uns heute«) wechselt das Vaterunser vom Du des angeredeten Vaters zum Wir der betenden Gemeinde. Die Bitte um das tägliche Brot »ist eine Bitte um den Lebensunterhalt schlechthin« (Eduard Lohse). In dieser Bitte vollzieht derjenige, der so betet, die Glaubensaussage nach, dass ihn Gott geschaffen hat samt allen Mitgeschöpfen und ihn täglich erhält und bewahrt – »und das alles aus lauter väterlicher, göttlicher Güte und Barmherzigkeit, ohn all mein Verdienst und Würdigkeit«, wie Luther in seinem Kleinen Katechismus erklärt.

Die *fünfte Bitte* (»vergib uns unsere Schuld, wie auch wir vergeben unseren Schuldigern«) spricht aus, dass der Mensch nicht vom Brot allein lebt, sondern als Sünder auf Gottes Vergebung angewiesen ist und bleibt. Auch wenn der Glaubende wissen darf, dass ihm um Christi willen ein für allemal vergeben ist, bleibt die Bitte doch sinnvoll, weil der Glaube kein Besitz ist, weil er immer wieder der Vergewisserung bedarf, die niemand sich selbst geben kann. Wir gebrauchen zwar häufig die Wendung »Ich entschuldige mich«, aber streng genommen kann niemand sich selbst von Schuld freisprechen, sondern es kann ihm nur von einem anderen verziehen werden. Der Zusatz »Wie auch wir vergeben unseren Schuldigern« formuliert nicht eine Bedingung, die zu erfüllen ist, bevor uns Gott vergibt. Er ist vielmehr als Selbsterinnerung des Beters zu verstehen, dessen Bitte widersprüchlich wäre, wäre er nicht seinerseits bereit, denen zu vergeben, die ihm Unrecht getan haben. Andernfalls wäre die Bitte unaufrichtig.

Die *sechste und die siebente Bitte* (»führe uns nicht in Versuchung, sondern erlöse uns von dem Bösen«) sind von der Erfahrung geleitet, dass der Glaube sehr wohl in Anfechtung geraten kann. Es gibt eine Diskussion über die richtige Übersetzung der sechsten Bitte. Heißt es im griechischen Text wirklich »Und führe uns nicht in Versuchung«? Müsste man nicht übersetzen: »Lass nicht zu, dass wir in Versuchung geraten«? Würde Gott nicht zum Teufel, wenn man ihm unterstellte, er führe Menschen in Versuchung? Das lehnt schon der Jakobusbrief ab (Jakobus 1,13–14). Dass Hiob im Alten Testament von Gott auf eine unbarmherzige Probe gestellt wird und dass sein Rechtstreit mit Gott keine wirkliche Lösung findet, fällt dann freilich ebenso unter den Tisch wie die Prüfung Abrahams, der beinahe seinen Sohn geopfert hätte. Und auch Jesus wurde versucht und geriet in Anfechtung, wie im Hebräerbrief (2,18; 4,15) zu lesen steht. Dass niemand von Gott versucht werde, sondern allein von den eigenen Begierden, wie der Jakobusbrief erklärt, verkürzt den gesamtbiblischen Befund. Solch eine Sichtweise passt freilich zu einem modernen Mainstream-Christentum, das den biblischen Gott von allen verstörenden, widersprüchlichen und bisweilen abgründigen Zügen reinigen will. Das Gottesbild wird nach den Maßstäben heutiger Moral passend gemacht und die Theodizeefrage – die Frage also nach Gottes Güte und Gerechtigkeit angesichts des Bösen und des Leidens – durch fromme Floskeln überdeckt.

Der griechische Text des Vaterunsers will allerdings keine Antwort auf die weltanschauliche Frage nach dem Ursprung des Bösen geben, sondern er legt alles Gewicht auf den zweiten Teil der Bitte, Gott möge uns von dem Bösen erlösen. Sie ist von der Zuversicht getragen, dass Gott das tatsächlich nicht nur kann, sondern auch tun wird. Die aktivische Übersetzung aus dem Griechischen »und führe uns nicht in Versuchung«, die sich sowohl in der Lutherbibel und in der Zürcher Bibel als auch in der katholischen Einheitsübersetzung von 2017 findet, ist auch sprachlich korrekt. So wird die Spannung zwischen Bekenntnis und Welterfahrung, die den Glauben charakterisiert, im Vaterunser vor Gott ausgesprochen und im Vertrauen auf ihn ausgehalten.

Tun und Lassen

Das Leben wird uns geschenkt wie die Freiheit. Die Allgemeine Erklärung der Menschenrechte von 1948 erklärt in Artikel 1, dass alle Menschen frei und gleich an Würde und Rechten geboren werden, mit Vernunft und Gewissen begabt sind und einander im Geiste der Brüderlichkeit begegnen sollen. Mag die Freiheit zum Glauben auch angeboren sein, so doch nicht die Freiheit aus Glauben, also jene Freiheit, zu welcher der Glaube befreit. Sie gründet nicht in der natürlichen Geburt, sondern in der Neugeburt des Menschen aus dem Glauben. Es besteht aber zwischen natürlicher Freiheit und Freiheit des Glaubens insofern eine Konvergenz, als beide Freiheiten bewährt und bewahrt werden müssen, wie auch das Leben nicht einfach gelebt werden kann, sondern geführt werden muss. Und wie das Leben, so kann auch die Freiheit nur in der Gemeinschaft mit anderen bestehen und gestaltet werden.

Der Bewahrung und Bewährung der Freiheit dienen Regeln für das Zusammenleben, die Rechte und Pflichten des Einzelnen formulieren. Es handelt sich dabei nicht nur um menschliche Rechtssetzungen im Sinne moderner Rechtsstaatlichkeit, sondern auch um moralische Regeln, Normen und Werte. Freiheit, verstanden als ›kommunikative Freiheit‹, von der schon die Rede war, kann nur gemeinsam mit der Freiheit der anderen bestehen. Sie ist folglich keine schrankenlose, sondern bedingte und damit immer auch begrenzte Freiheit.

Auch das Leben eines Christenmenschen ist nicht jeder Moral enthoben, so gewiss sich der Glaube freilich auch nicht auf Moral reduzieren lässt. Der vom Kirchenvater Augustinus (354–430) stammende Satz »Liebe, und dann tue, was du willst«, ist nicht im Sinne einer radikalen Situationsethik zu verstehen, die keine starren moralischen Regeln kennt. Tatsächlich muss unser Handeln nach christlicher Überzeugung der konkreten Situation gerecht werden. Es kann aus einer spontanen Regung erfolgen wie die Aktion des barmherzigen Samariters, der sich um den unter die Räuber Gefallenen kümmert (Lukas 10,30–35), aber auch ein aus der Grundeinstellung der Gottes- und Nächstenliebe geführtes Leben ist im Alltag ein regelgeleitetes, weil wir als endliche Wesen, deren Zeit zu kurz ist, um ständig alles in Frage zu stellen, über weite Strecken in Üblichkeiten leben müssen.

Ein Leben in Freiheit ist ein selbstbestimmtes Leben. Doch schließen sich Selbstbestimmung und die Erfahrung eines moralischen Sollens nicht aus, zumindest nicht, wenn man dem protestantisch geprägten Aufklärungsphilosophen Immanuel Kant (1724–1804) folgt. Autonomie im Sinne Kants besteht gerade darin, sich selbst aus freier Einsicht ein Gesetz zu geben, das der universalen sittlichen Vernunft entspricht, und diesem Gesetz aus freien Stücken zu folgen. Religion bedeutet für Kant die Erkenntnis aller unserer moralischen Pflichten als göttliche Gebote. Allerdings darf christliche Religion nicht auf die Erkenntnis moralischer Pflichten reduziert werden. Das Evangelium, der Zuspruch der göttlichen Gnade und der Gabe des Lebens, ist eben kein Gesetz und keine moralische Forderung. Aber man kann sagen, dass unsere Autonomie nach christlichem Verständnis im Willen Gottes gründet. Sie ist keine unbestimmte, sondern eine bestimmte, nämlich durch Gott bestimmte Autonomie, die auch Theonomie genannt wird. Sie ist nicht mit Fremdbestimmung (Heteronomie) zu verwechseln. Sich dem Willen Gottes gegenüber in die Pflicht genommen und verantwortlich zu fühlen bedeutet keineswegs, sich willkürlich religiösen Geboten zu unterwerfen, von denen die Tradition oder heute lebende Menschen behaupten, sie stammten direkt von Gott.

Glaubende Menschen fragen nun aber, wie in, mit und unter all den überlieferten Geboten und moralischen Regeln der Wille Gottes für uns im Hier und Heute vernehmbar wird, welche moralischen und religiösen Überzeugungen dem Doppelgebot der Liebe entsprechen und so einem Leben aus Glaube, Liebe und Hoffnung dienlich sind. Solche Prüfung setzt Eigenverantwortlichkeit voraus. Daher kann man christliche Ethik als eine vom Geist der Liebe geleitete Form der Verantwortungsethik verstehen, und als göttliches Gebot kann gelten, was der Bewahrung der Freiheit in Gemeinschaft dient.

In diesem Sinne können insbesondere die → **Zehn Gebote** – auch Dekalog genannt – verstanden werden. Sie enthalten allerdings keine vollständige Ethik, und wenn man sie in der Geschichte des Christentums so ausgelegt hat, dann ging das nur um den Preis, dass man in sie vieles hineingelesen hat, was in ihnen gar nicht ausdrücklich steht. Man denke zum Beispiel an das nach Luthers Zählung vierte Gebot: »Du sollst deinen Vater und deine Mutter ehren.« Luther deutet das Gebot im Sinne der ständischen Gesellschaft seiner Zeit als Aufforderung, die Eltern und Herren, Vorgesetzte und Amtspersonen nicht zu verachten oder zu erzürnen, »sondern sie in Ehre halten, ihnen dienen, gehorchen, sie lieb und wert halten«. Der ursprüngliche Sinn des Gebotes zielt aber darauf, die Eltern im Alter zu versorgen, zu einer Zeit, in der es noch keinen modernen Sozialstaat mit Gesundheitsversorgung und Pensionskasse gab.

Bemerkenswert ist in jedem Fall, dass sich christliche Ethik keineswegs nur auf ethische Ausführungen im Neuen Testament bezieht, sei es die Bergpredigt oder ethische Passagen in den neutestamentlichen Briefen, sondern eben auch auf die Zehn Gebote und damit auf das Alte Testament. Die alttestamentliche Tora – man kann das Wort sinngemäß mit »Wegweisung ins Leben« übersetzen – besteht allerdings nicht nur aus den Zehn Geboten, die uns in zwei Fassungen (2. Mose 20,2–17 und 5. Mose 5,6–21) überliefert sind. Sie sind auch nicht als Zusammenfassung der Tora zu lesen – das ist ja vielmehr das Doppelgebot der Liebe –, sondern als Eingangsportal zur Tora oder als Ouvertüre, wie der Alttestamentler Rainer Kessler sagt.

Die Zehn Gebote lassen sich wiederum zum → **Doppelgebot der Liebe** in Beziehung setzen, dessen beide Bestandteile ja ebenfalls, wie wir schon sahen, dem Alten Testament entnommen sind. Die alttestamentliche Erzählung weiß zu berichten, dass Gott selbst am Berg Sinai seine Gebote auf zwei Tafeln schrieb, die das Volk Israel auf seiner Wanderung durch die Wüste in einer Lade mit sich führt, welche später ihren Platz in dem von König Salomo errichteten Tempel fand. In der bildenden Kunst finden sich die Gebote häufig gleichmäßig zu je fünf auf die beiden Tafeln verteilt. Es gibt aber auch Darstellungen, nach denen auf der ersten Tafel jene Gebote stehen, die sich auf die Gottesverehrung beziehen, und auf der zweiten Tafel jene, in denen es um das menschliche Zusammenleben geht. Ganz geht diese Einteilung freilich nicht auf, weil nämlich das Gebot, den Sabbat zu heiligen – in der christlichen Tradition zur Heiligung des Sonntags abgewandelt –, in erster Linie nicht um Gottes, sondern um der Menschen willen gegeben ist. Die strikte Arbeitsruhe am siebenten Tag der Schöpfung – im 2. Buch Mose mit der Erinnerung an die Befreiung Israels aus der Sklaverei in Ägypten begründet, im 5. Buch Mose mit der Erinnerung an die Schöpfungsgeschichte, wo es heißt, dass Gott selbst am siebenten Tag von seinen Werken ruhte – ist als Wohltat für die Menschen gedacht. Das Wort Jesu, wonach der Sabbat um des Menschen willen geschaffen ist und nicht umgekehrt (Markus 2,27), trifft sehr gut die Intention des alttestamentlichen Gebotes.

Um die rechte Gottesverehrung geht es in den beiden Geboten, *keine anderen Götter* neben dem Gott Israels zu verehren und *seinen Namen nicht gedankenlos oder gar missbräuchlich zu gebrauchen*. Im Alten Testament steht zwischen diesen beiden das *Bilderverbot*, also das Verbot, von Gott irgendwelche Kultbilder anzufertigen. Die bilderfreundliche Tradition des Luthertums hat dieses Gebot wie schon die katholische und die ostkirchliche Tradition weggelassen. Die reformierte Tradition mit ihren bilderlosen Kirchen hat es hingegen beibehalten.

Das Christentum hat also die Zehn Gebote nicht unverändert aus dem Alten Testament übernommen, sondern sie im Licht der Christusoffenbarung neu interpretiert. In der

Fassung, die man in Luthers Katechismen findet (*siehe Anhang*), sind alle Bezüge auf Israels Befreiung aus Ägypten und auf das gelobte Land gestrichen. Die Verheißung des vierten Gebotes, die Eltern zu ehren werde mit langem Leben im Land Israel belohnt, ist bei Luther und auch sonst in der christlichen Tradition dahingehend abgewandelt worden, dass derjenige, welcher Vater und Mutter ehrt, auf Erden lange leben wird. Für das Volk Israel waren die Zehn Gebote die Freiheitsordnung für das Leben im Land der Verheißung. Doch während das Land Israel auch für das heutige Judentum eine zentrale religiöse Rolle spielt, gilt dies eben nicht für das Christentum.

Luther rechtfertigt seine Eingriffe damit, dass Christus über der Tora steht, dass er und nicht Mose der Lehrer der Christen sei und dass die an Christus Glaubenden daher das Recht hätten, neue Dekaloge zu schreiben, wenn dies den Erfordernissen der Zeit entspreche und gerade so der bleibende Grundsinn der göttlichen Gebote gewahrt bliebe. Wie im Kurfürstentum Sachsen zur Zeit Luthers der Sachsenspiegel das Gesetzbuch war, so sei der Dekalog »der Juden Sachsenspiegel« in alttestamentlicher Zeit gewesen.

Verbreitet ist im Christentum auch die Auffassung, die alttestamentlichen Gebote konvergierten mit dem *Naturrecht*, das aus der vorchristlichen griechischen und römischen Tradition bekannt ist. Wenn Paulus im Römerbrief schreibt, Gottes Gesetz sei auch den Nichtjuden in ihr Herz geschrieben, so dass sich niemand vor Gott entschuldigen könne, seine Gebote nicht zu kennen (Römer 2,14), wurde daraus gefolgert, die alttestamentliche Tora sei im Sinne des antiken Naturrechts zu interpretieren. Damit wird freilich die Verbindung (im Alten Testament und im Judentum) zwischen Tora und Erwählung, zwischen Gottes Bund mit Israel und der Wegweisung zur Freiheit missachtet.

Dennoch trifft zu, dass die Christen, wiewohl die ganze Hebräische Bibel beziehungsweise die Septuaginta als Altes Testament Teil der christlichen Bibel ist, keineswegs alle Gebote der Tora für verbindlich halten. Das aber nicht aus Willkür, sondern weil sie davon überzeugt sind, dass manche Teile der Tora durch die letztgültige Offenbarung Gottes in Jesus Christus aufgehoben sind. Das gilt zum Beispiel für das Gebot der Beschneidung von Jungen und Männern, für die jüdischen Speisegebote und weite Teile des kultischen Rechtes.

Jede Auslegung des göttlichen Willens, ob im Alten oder im Neuen Testament, ist stets eine menschliche Interpretation unter den jeweiligen geschichtlichen und gesellschaftlichen Umständen. Was in der Sprache der Bibel und der Theologie Gesetz heißt, ist weder mit einem vorgängigen Ethos noch mit menschlichen Rechtsbeständen umstandslos zu identifizieren.

Wie es zwischen alten und neuen Gestalten des Gesetzes Kontinuität und Diskontinuität gibt, so auch zwischen Altem und Neuem Testament. Für den christlichen Glauben gilt: Erst das Evangelium, welches das Christusgeschehen bezeugt, erschließt den eigentlichen Sinn des Gesetzes. Es bleibt in gewisser Hinsicht gültig, ist aber doch in anderer Hinsicht auch abgetan – und zwar nicht nur, was seine jüdische, sondern überhaupt seine vorchristliche Gestalt betrifft. In neutestamentlicher Perspektive ist das Gesetz Gottes nun das Gesetz Christi. So verstanden, ist es durchaus ein *neues*

Gebot (Johannes 13,34), nicht nur die Erneuerung des alten Gebotes. Im Geist der Liebe, die in Jesus Christus offenbar geworden ist, sind die überlieferten Gestalten der alttestamentlichen Tora und ihre wirkungsgeschichtlichen Fortschreibungen ebenso zu prüfen wie alle sonstigen Moralvorstellungen, gemäß dem Grundsatz aus 1. Thessalonicher 5,21: »Prüft alles, und das Gute behaltet.“

Auch wenn sich Luthers Auslegung der Zehn Gebote teilweise in traditionellen Bahnen bewegt, bleibt sie doch darin wegweisend, wie er aus einem grundlegend neuen Verständnis des christlichen Glaubens heraus neue moralische Normen aufgestellt und zu einem veränderten Umgang mit bestehenden Normen angeleitet hat. Die beiden evangelischen Theologen Wolfgang Maaser und Traugott Jähnichen bezeichnen die Ethik Luthers als erfinderische, »inventionale Ethik«. Das Liebesgebot dient ihr als Erfindungsregel, mit deren Hilfe Luther überkommene moralische Gebote weiterentwickelt und erweitert, aber auch an bestehenden Regeln massive Kritik übt, zum Beispiel an der Vorstellung einer Zweistufenethik mit allgemeinen Regeln für alle Christen und besonderen Geboten für das Mönchtum. Wie das Mönchtum hat Luther bekanntlich auch den Zölibat, die Ehelosigkeit von Priestern, als unbiblische Forderung verurteilt. Kurz, im Sinne Luthers ist die Liebe erfinderisch und kann sich daher auch die außerbiblische Naturrechtstradition produktiv aneignen.

Manche Basisregel entwickelt Luther zu Brückensätzen weiter, die zwischen ethischen Grundprinzipien und konkreten ethischen Einzelentscheidungen stehen. Als solche mittleren ethischen Regeln lassen sich heute die modernen

Menschenrechte interpretieren. Wenn sie auch in der Geschichte teilweise gegen den Widerstand der Kirchen entwickelt worden sind, haben sie doch durchaus im Christentum eine ihrer Wurzeln. Menschenwürde, Religions- und Gewissensfreiheit gründen im christlichen Glauben, auch wenn historisch einzugestehen ist, dass die Kirchen – auch die Kirchen der Reformation – keineswegs immer Toleranz geübt und die Freiheit des Gewissens geachtet haben.

Allerdings sind die Menschenrechte, für deren Achtung und Schutz sich heute auch die Kirchen einsetzen, biblisch gesprochen eine Gestalt des Gesetzes und nicht des Evangeliums. Es gibt eine durch das Evangelium provozierte, im Wechselspiel von Kontinuität und Diskontinuität sich vollziehende Entwicklungsgeschichte des menschlichen Rechts und der Moral. Sie ist durch das Evangelium von Jesus Christus motiviert und bleibt doch von diesem klar geschieden. In diesem Sinne lassen sich auch die Menschenrechte als Rechtsschöpfung interpretieren und christlich aneignen.

Wenn wir sie als Mittel der schonungslosen Selbstprüfung nehmen, führen uns alle geschichtlichen Gestalten, in denen für uns der Wille Gottes vernehmbar wird, vor Augen, dass wir Gottes Willen keineswegs von uns aus erfüllen, ihn sogar missachten und dabei auch an unseren Mitmenschen schuldig werden können. In diesem Sinne wird die göttliche Forderung für uns zur Anklage.

Aus Glauben leben aber bedeutet, die göttlichen Gebote nicht länger als anklagende Forderung, sondern als hilfreiche »Wegweisung der Freiheit« (Jan Milič Lochman) zu hören, die es ermöglicht, ein Gott gegenüber dankbares Leben zu führen. So deutet der Heidelberger Katechismus (1563) den christlichen Sinn der Zehn Gebote. Ihre Auslegung steht dort unter der Überschrift »Von der Dankbarkeit«.

Unser ganzes Leben, alles Tun und Lassen, ist, sofern es im Glauben geschieht, nichts anderes als die Erwiderung der Liebe, die wir von Gott täglich aufs Neue erfahren. Und so sind auch die Zehn Gebote eine Anleitung, in Dankbarkeit gegen Gott dem Mitmenschen mit Wohlwollen zu begegnen. So wird Gottes Liebe auch im zwischenmenschlichen Bereich als bestimmende Lebensmacht erfahrbar. Allerdings sind die Liebe Gottes und die zwischenmenschliche Liebe, in der sie erfahrbar wird, voneinander zu unterscheiden, ohne dass sie sich trennen und voneinander isolieren lassen. Sie bilden vielmehr eine in sich unterschiedene Einheit. »Gott« ist also nicht einfach ein anderer Name für Mitmenschlichkeit. Er geht in dieser nicht auf. Während die Goldene Regel auf Gegenseitigkeit beruht, wird Gott besonders dort erfahrbar, wo es das Widerfahrnis *einseitiger* und *vorausgehender* Liebe gibt. Ihre äußerste Form aber ist die von Jesus in der Bergpredigt (Matthäus 5,44; Lukas 6,27.35) geforderte Gewaltlosigkeit und Feindesliebe, die bis zur Selbstaufopferung gehen kann.

Nach neutestamentlichem Zeugnis setzt Jesus genau das in die Tat um, was er von seinen Jüngern fordert, nämlich *Feindesliebe* und die Bitte für die, die ihn verfolgen. Die Feindesliebe Jesu manifestiert sich in seinem freiwillig erduldeten Kreuzestod, den Paulus als Manifestation der Feindesliebe Gottes deutet (Römer 5,10). Umgekehrt begründet Christus im Matthäusevangelium das Gebot der Feindesliebe mit dem Hinweis auf die Liebe Gottes, der seine Sonne über Guten und Bösen aufgehen und es über Gerechten und Ungerechten regnen lässt (Matthäus 5,45). Der Tod Jesu lässt die Vollkommenheit Gottes in Erscheinung treten, ja man muss sagen, in diesem Tod *ereignet* sich Gottes Vollkommenheit, die alles menschliche Lieben übersteigt. Erst dieses Ereignis versetzt Menschen, die in seinen Wirkungsbereich geraten, überhaupt in die Lage, ihrerseits so zu lieben, wie Gott uns geliebt hat. Darum heißt es in 1. Johannes 4,19: »Lasst uns lieben, denn er hat uns *zuerst* geliebt.«

Gehen wir unter dieser Prämisse die Zehn Gebote, in denen es um das Wohl der Menschen geht, im Einzelnen durch, so finden wir an erster Stelle das bereits erwähnte *Gebot der Elternliebe*. In der heutigen Zeit ist es in seiner ursprünglichen Bedeutung nicht nur auf der individualethischen, sondern auch auf der sozialethischen Ebene zu bedenken. Intergenerationelle Solidarität und die Ermöglichung eines würdevollen Lebens auch im Alter, wenn Krankheit und Gebrechlichkeit sich einstellen, ist ein Gebot in einer Gesellschaft, in der erwachsene Kinder und Eltern oftmals nicht mehr unter einem Dach leben, berufstätige Kinder nicht mehr ohne weiteres ihre Eltern im Krankheitsfall pflegen können. Die Finanzierung sozialstaatlicher Angebote und eines allen zugänglichen Gesundheitswesens ist durchaus als Befolgung des vierten Gebotes zu verstehen.

Das *Gebot »Du sollst nicht töten«* schließt in seinem ursprünglichen Wortsinn nicht jede Tötung aus. Gemeint ist der Mord, nicht aber die Tötung des Feindes im Krieg und auch nicht die Todesstrafe, die in alttestamentlicher Zeit für bestimmte Vergehen vorgesehen war. Die Abschaffung und Ächtung der Todesstrafe kann als Ausfluss der neutestamentlichen Lehre von der Rechtfertigung des Sünders allein aus Gnade gesehen werden, wenngleich es bekanntlich noch immer Staaten mit christlicher Prägung, wie die USA, gibt, welche die Todesstrafe weiterhin praktizieren. Manche christlichen Kirchen und Strömungen legen das fünfte Gebot auch im radikalpazifistischen Sinne aus und berufen sich dafür auf Jesu Gebot der Gewaltlosigkeit und der Feindesliebe. Die Nächstenliebe verlangt aber, im Notfall den zu schützen, der von Dritten an Leib und Leben bedroht wird. Wegweisend ist Luthers Auslegung, der die Forderung »Du sollst nicht töten« nicht nur als Abwehrrecht oder *Ver*bot interpretiert, sondern als *Ge*bot, unserem Nächsten zu helfen und beizustehen in allen Nöten.

Auch das *Verbot des Ehebruchs* deutet Luther im positiven Sinne als Aufforderung, einander in der Ehe zu lieben und zu ehren. Darin schwingt eine Vorstellung von Gleichrangigkeit und Wechselseitigkeit in der Partnerschaft mit, die uns heute selbstverständlich ist, für die Zeit Luthers aber durchaus bemerkenswert ist.

Das *Gebot »Du sollst nicht stehlen«* ist ebenfalls nicht nur individualethisch, sondern auch sozialethisch zu verstehen. Es enthält einen Richtungssinn, der über den ursprünglichen Wortlaut hinausgehend auch eine Orientierungshilfe für das Wirtschaftsleben in einer modernen kapitalistischen Marktwirtschaft enthält. So verstanden berührt es Fragen einer gerechten Wirtschaftsordnung, gerechter Löhne und Gehälter, Fragen der Finanz- und Zinspolitik, aber auch das weit verbreitete Übel der Korruption und Vorteilsnahme.

Das *Gebot »Du sollst nicht falsch Zeugnis reden«* betrifft nicht nur die Wahrheitsfindung im Gerichtswesen, sondern auch den Umgang mit Wahrheit und Lüge in allen sonstigen Lebensbereichen, in Medien und Politik.

Das *neunte und das zehnte Gebot* nach Luthers Zählung sind im Alten Testament ein einziges Gebot. Da Luther das Bilderverbot gestrichen hat, hat er, um wieder auf die Zahl Zehn zu kommen, das letzte der alttestamentlichen Gebote zweigeteilt. Während das Verbot des Stehlens an einzelne Besitzgegenstände denkt, haben das neunte und zehnte Gebot Grundbesitz, Haus und Hof im Blick. Wenn Ehefrau, Knechte, Mägde und Viehbestand aufgezählt werden, müssen wir an eine agrarische Gesellschaft denken, in der das Haus synonym mit der bäuerlichen Wirtschaftsgemeinschaft war. Die Zehn Gebote richten sich ursprünglich an die freien Männer Israels. Zur Bewahrung der von Gott geschenkten Freiheit im gelobten Land gehörte, dass niemand in Sklaverei geraten sollte. Tatsächlich gab es jedoch in alttestamentlicher Zeit Israeliten, die durch Verschuldung in ökonomische Abhängigkeit gerieten, die bis zur Sklaverei führen konnte. Die Sklaverei wurde nicht grundsätzlich verworfen, doch kennt das Alte Testament als Gegenmittel Vorschriften, wonach versklavte Israeliten nach einer gewissen Zeit wieder die Freiheit erlangen und von ihrem Schuldendienst befreit werden sollten. Denken wir an heutige Lebensverhältnisse, so sollten wir einerseits bedenken, dass noch heute in etlichen Weltgegenden Sklaverei herrscht. Es gibt aber auch in Europa Menschen, die in ausbeuterischen Verhältnissen tätig sind, zum Beispiel als irreguläre Migranten oder als Lohnarbeiter im Ernteeinsatz. Hier herrschen teilweise Arbeitsbedingungen jenseits jedes Arbeits- und Tarifrechts, die an Sklaverei grenzen.

Das Gebot, nicht das Haus des Nächsten zu begehren, kann außerdem als biblische Richtungsanzeige für die heute bestehenden Probleme am Wohnungsmarkt gesehen werden. Es gibt schließlich nicht nur Obdachlose, sondern auch zahlreiche Wohnungslose, die Mühe haben, in Notquartieren Unterkunft zu finden. Oftmals handelt es sich um Menschen, insbesondere alleinerziehende Mütter, die einmal in soliden Beschäftigungsverhältnissen gelebt haben und durch persönliche Schicksalsschläge in wirtschaftliche Not geraten sind, was schließlich zum Verlust ihrer Wohnung geführt hat. Hier zeigt sich, wie wirtschaftspolitische und -ethische Fragen auch das weite Feld der Diakonie berühren.

Bewahrung der Freiheit als Grundsinn der Zehn Gebote: Das meint eben nicht nur, die eigene Freiheit zu bewahren, sondern alles zu tun, um auch dem Nächsten mit Rat und Tat zu helfen, seine Freiheit zu bewahren, die nicht nur durch Dritte, sondern auch durch eigenes Fehlverhalten, aber auch durch Krankheit und Sucht gefährdet oder verspielt werden kann. Bewahrung der Freiheit bedeutet, dass wir einander in unserer Würde und Gottebenbildlichkeit achten, die uns von Gott verliehen ist.

In der Wahrheit leben

Aus Glauben leben heißt nicht, nur in der Freiheit, sondern auch in der Wahrheit leben. Von der österreichischen Schriftstellerin Ingeborg Bachmann (1926–1973) stammt der Satz: »Die Wahrheit ist den Menschen zumutbar«, mag es auch eine schmerzliche und unangenehme Wahrheit sein. Im Johannesevangelium sagt Jesus: »Die Wahrheit wird euch frei machen« (Johannes 8,32). In einer Welt der Lüge und einem angeblich postfaktischen Zeitalter der Fake News, der »alternativen Faktenlagen« und Verschwörungstheorien aller Art, übt die Wahrheit eine befreiende Wirkung aus. Es ist die Erfahrung jeder Diktatur, dass von der Wahrheit ein reinigender Wind durch die Welt der Unfreiheit weht. Auch am Krankenbett kann die Wahrheit befreiend wirken, mag die Diagnose auch bedrohlich sein.

Nichts ist schlimmer als die postmoderne Behauptung, es gäbe keine Wahrheit, sondern nur subjektive Wahrheiten. Sie ist zudem widersprüchlich, nimmt sie doch für sich in Anspruch wahr zu sein. Wahrheit ist nicht nur ein erkenntnistheoretischer, sondern auch ein ethischer Wert. Sie ist aber noch weit mehr, nämlich ein Raum, in dem Leben als solches möglich ist. Dieser Wahrheitsraum wird nicht von Menschen konstruiert, sondern in ihm finden wir uns immer schon vor, wenn wir uns um die Wahrheitsfindung oder um eine ethische Haltung der Wahrhaftigkeit bemühen.

Der christliche Glaube bringt diesen Wahrheitsraum mit Gott in Verbindung. Wahrheit ist ein Offenbarwerden. In diesem Geschehen werden wir selbst als Geschöpfe, Gott als Schöpfer und die Welt als Schöpfung offenbar. Wenn sich die Welt und unser eigenes Dasein auf diese Weise erschließt, zerreißt der Nebel aller Täuschungen, Ideologien und Illusionen über Gegenwart und Zukunft.

Die Wahrheit des Glaubens ist eine existentielle, genauer gesagt: eine tröstliche Wahrheit. Wahr im theologischen Sinne ist das, was laut Frage 1 des Heidelberger Katechismus mein einziger Trost im Leben und im Sterben ist. Das aber ist die Beziehung zu Christus, der von sich im Johannesevangelium sagt: »Ich bin der Weg, die Wahrheit und das Leben; niemand kommt zum Vater denn durch mich.« (Johannes 14,6)

Weil Person und Geschick Jesu als letztgültige Offenbarung Gottes – und somit als letztgültige Enthüllung der Wirklichkeit und unseres eigenen Daseins – verstanden wird, redet das Johannesevangelium von ihm als der geradezu personifizierten Wahrheit. Und weil sich in ihm Gottes Wesen als grenzenlose Liebe offenbart, ist er die Wahrheit, die uns freimacht. Die Passage im Johannesevangelium, in der Jesus von der freimachenden Wahrheit spricht, lautet vollständig: »Wenn ihr bleiben werdet an meinem Wort, so seid ihr wahrhaftig meine Jünger und werdet die Wahrheit erkennen, und die Wahrheit wird euch frei machen.« (Johannes 8,31–32)

Es besteht nicht nur eine unmittelbare Verbindung zwischen Wahrheit und Freiheit, sondern auch zwischen Wahrheit und Liebe. Wahrheitsliebe ist ein Kennzeichen des Glaubens, schreibt doch Paulus von der Liebe: »Sie freut sich nicht über die Ungerechtigkeit, sie freut sich aber an der

Wahrheit.« (1. Korinther 13,6) Es reimen sich also nicht nur Wahrheit und Liebe, sondern auch Wahrheit und Freude an der Gerechtigkeit zusammen.

Nun gibt es aber auch eine gnadenlose Wahrheit wie eine gnadenlose Gerechtigkeit, einen Gerechtigkeitsfanatismus wie derjenige von Michael Kohlhaas in Heinrich von Kleists gleichnamiger Novelle, der grausame Selbstjustiz übt. Und auch in der Geschichte des Christentums ist um die Wahrheit oft genug mit unerbittlicher Härte gestritten worden. Der Streit um die allein selig machende wahre Religion hat zur Verfolgung Andersdenkender und Andersglaubender geführt, zur Verfolgung und Vernichtung von vermeintlichen Ketzern und Minderheiten wie den Juden. Wenn von Wahrheit und Glaube gesprochen wird, ist auch die Gewaltgeschichte des Christentums in Erinnerung zu rufen, die nicht dadurch zu relativieren ist, dass es Intoleranz und Gewalt im Namen der Wahrheit auch in anderen Religionen gegeben hat und gibt.

Wahrheitsliebe und Gerechtigkeitssinn können pervertiert werden und so zu einer Gestalt der Sünde werden. Diese äußert sich keineswegs nur in Gestalt der faustdicken Lüge, also in der bewussten Formulierung von Unwahrheiten. Auch Halbwahrheiten, das Verschweigen oder Verdrehen von Tatsachen, Gerüchte und üble Nachrede sind eine Gestalt der sündigen Lüge. Sie kann sich sogar als Wahrheit tarnen. Mit der treuherzigen Versicherung, einzig und allein der Wahrheit, der Wahrheitsliebe und dem Recht auf Information verpflichtet zu sein, werden Indiskretionen begangen, z. B. in den Massenmedien, werden Menschen an den Pranger gestellt und öffentlich zum Abschuss freigegeben.

Nichts kann verlogener sein als die sprichwörtlich nackte Wahrheit.

Die Wahrheit zu sagen kann geradezu ein Verrat an der Wahrheit und somit zerstörerisch sein, zum Beispiel, wenn jemand den Schergen eines diktatorischen Regimes auf deren Verlangen hin den Aufenthaltsort eines Regimekritikers oder Widerstandskämpfers verrät. In diesem Fall haben die Verfolger gar kein moralisches Recht, die Wahrheit zu erfahren. Das Beispiel zeigt, wie unzureichend ein Wahrheitsbegriff ist, der sich formallogisch auf die These beschränkt, Wahrheit sei die Übereinstimmung von Sachverhalt und sprachlichem Ausdruck. Die Wahrheit zu sagen würde in diesem Fall bedeuten, Verrat zu üben.

Ethisch ist zwischen Wahrheit und Wahrhaftigkeit zu unterscheiden. Das Wahrheitsgemäße aber lässt sich nicht ethisch formalisieren. Es ist stets an eine konkrete Situation und die näheren Umstände gebunden. Wiederum wird das Wesen der Lüge nicht angemessen erfasst, wenn man sie als Widerspruch zwischen Denken und Sagen definiert. Die Lüge ist vielmehr ihrem Wesen nach Leugnung Gottes. »Lüge«, so Dietrich Bonhoeffer, »ist demzufolge die Verneinung, Leugnung und wissentliche und willentliche Zerstörung der Wirklichkeit, wie sie von Gott geschaffen ist und in Gott besteht, und zwar soweit dies durch Worte und durch Schweigen geschieht.«[8]

[8] Dietrich Bonhoeffer, Fragment eines Aufsatzes: Was heißt die Wahrheit sagen?, in; Ders., Konspiration und Haft 1940–1945, hg. v. Jørgen Glenhøj, Ulrich Kabitz u. Wolf Krötke (DBW 16), Gütersloh 1996, 619–629, hier 627.

Die Freude der Liebe an der Wahrheit steht im Gegensatz zur nackten, zerstörerischen Wahrheit. Im Geist der Liebe die Wahrheit zu sagen heißt auch das Geheimnis zu wahren und die Intimsphäre zu schützen. Wahrhaftigkeit respektiert das Vertrauen, die Diskretion und die Verhüllung, weil die Wahrheit verletzlich ist. In der Wahrheit leben bedeutet in Liebe wahrhaftig sein und die Wahrheit reden (Epheser 4,15).

Die Wahrheit des Evangeliums bezeugen, und zwar durch Wort und Tat gleichermaßen, ist die Mission der Glaubenden und der Kirche. Die neutestamentlichen Evangelien schildern uns, wie Jesus seine Jünger aussendet, damit sie die anbrechende Gottesherrschaft verkündigen und zugleich Kranke heilen und Dämonen austreiben (Matthäus 10,5–15; Markus 6,7–13; Lukas 9,1–6; 21,12–17). Die Ankündigung der Gottesherrschaft ist bei Markus auch mit dem Ruf zur Umkehr verbunden (Markus 6,12). Das Eintreten für den christlichen Glauben, die Weitergabe des Evangeliums und das diakonische Handeln gehören also zusammen. Sie dürfen nicht gegeneinander ausgespielt werden, und schon gar nicht ist die Mission auf diakonisches und soziales Handeln zu reduzieren. Ebenso schließen sich die Bezeugung des Evangeliums, das private wie das öffentliche Einstehen für den Glauben und ein respektvoller Dialog mit Andersglaubenden, anderen Weltanschauungen oder areligiösen Menschen nicht aus.

Das älteste Christentum verkündigt das Evangelium als Botschaft von der Güte Gottes, der alle Menschen, gleich welcher Religion sie ursprünglich angehören, zur Umkehr bringen will (vgl. Römer 2,4). Nach Darstellung der Apostelgeschichte führt der Apostel Paulus in einer Predigt, die er auf dem Areopag in Athen hält, die Vielzahl und Vielfalt der Religionen auf den einen Schöpfergott zurück. Die Pluralität der Religionen entspricht der schöpfungsmäßigen Vielfalt der Völker und Kulturen (Apostelgeschichte 17,26). Alle Menschen sind dazu bestimmt, Gott zu suchen, »ob sie ihn wohl fühlen und finden könnten; und fürwahr, er ist nicht ferne einem jeden von uns. Denn in ihm leben, weben und sind wir« (Apostelgeschichte 17,27 f.). Dann aber argumentiert der lukanische Paulus vom bevorstehenden Weltgericht Gottes her: Nun sei religionsgeschichtlich eine neue Situation eingetreten, in der die Menschen zur Umkehr und zum Glauben an den einzig aus dem Gericht rettenden Christus aufgerufen sind (Apostelgeschichte 17,30 f.).

Die Idee verschiedener Heilswege, wie sie heute von einer pluralistischen Theologie der Religionen vertreten wird, liegt der Apostelgeschichte fern. Der neutestamentliche Ruf zur Entscheidung relativiert alle bisherige religiöse Erfahrung. Im Angesicht der anbrechenden Gottesherrschaft sind alle Religionen – einschließlich des heutigen Christentums! – vorläufige Erscheinungen. Auch wenn die Kirche von Paulus als Leib Christi bezeichnet wird, ist doch Christus nicht mit der Kirche identisch. Die Grenzen der Kirche fallen nicht mit denen des Heils zusammen. Aber die an Christus Glaubenden wissen sich von ihm berufen, das Evangelium und ihren Glauben zu bezeugen, und dies mit der Hoffnung, Menschen für Christus zu gewinnen. Das ist und bleibt auch der biblische Auftrag der Kirche.

Aus der Sicht des Glaubens ist es Christus selbst, der die Christen in die Begegnung mit anderen Menschen und anderen Religionen führt. Zu welchem Ergebnis die vom Geist Gottes weltgeschichtlich bewirkte Begegnung der Religionen führen wird, müssen wir Gott allein überlassen. Das Andere, das Verbindende nicht weniger als das Fremde der nichtchristlichen Religionen, wird in solcher Begegnung jeweils konkret auf neue und vielschichtige Weise erfahren. Der Weg führt ins Offene und Unverfügbare, so gewiss Dialog und Begegnung sich auf das konkrete Gegenüber einlassen müssen. Angesichts der Mehrdeutigkeit aller Religion, von der auch das Christentum nicht ausgenommen ist, mag der Glaubende andere Formen von Religion bald als Resonanz der Offenbarung des Gottes Israels und Vaters Jesu Christi in anderen geschichtlichen Gestalten, bald als eine diesem Gott widersprechende Gestalt von Religion erfahren. Wir mögen in fremden Glaubensweisen Spuren des von uns verehrten Gottes und darin eine Bestätigung unserer eigenen Glaubensgewissheit finden. Sie können uns aber auch bisweilen als dämonische Verzerrung des biblischen Gottes vorkommen. Fremde Gottheiten mögen uns als authentische Interpretationen echter Offenbarung erscheinen oder auch nur als Produkt menschlicher Sehnsucht nach solchem Offenbarwerden des Göttlichen, als Ausdruck der Suche nach Gott.

Auch die Wirkung des Christuszeugnisses, das den Christen aufgetragen ist, lässt sich nicht vorherbestimmen. Es kann auf Menschen treffen, die auf der Suche nach Gott sind und im christlichen Glauben die Erfüllung ihrer Suche finden. Dann mag die Konversion zum Christentum in einer seiner konkreten Gestalten das Ergebnis sein. Die Bezeugung christlichen Glaubens kann freilich auch bewirken, dass Anhänger einer anderen Religion oder Weltanschauung zu der Entscheidung gelangen, bewusster und intensiver als zuvor in ihrer bisherigen Religion oder Weltsicht zu leben. Gleiches mag dem Christen widerfahren, der sich auf die Begegnung mit Menschen einlässt, die einer anderen oder gar keiner Religion angehören. Er mag auch an seinem bisherigen Glauben irrewerden. Es kann aber auch geschehen, dass ein Christ in fremden Glaubensweisen die Gegenwart jener heilvollen Macht glaubt wiedererkennen zu dürfen, die für ihn selbst in Christus und seinem Evangelium wirksam ist. Und so mag es ihm widerfahren, dass ihm im anderen, dem er Christus nahebringen will, eben dieser selbst auf neue Weise entgegentritt. Mission kann also auch bedeuten, in der Begegnung mit dem anderen und dessen fremder Religiosität von Christus selbst neu beschenkt zu werden.

Kirche

Glauben ist eine höchstpersönliche Angelegenheit. Keiner kann an meiner Stelle glauben, wie auch jeder für sich geboren wird und sterben muss. Im Glauben kann mich niemand vertreten, was nicht bedeutet, dass wir nicht für andere glauben, hoffen und beten können. Als Vorbild kann uns Jesus dienen, der nach der Darstellung des Lukasevangeliums zu Petrus gesagt hat: »Ich habe für dich gebeten, dass dein Glaube nicht aufhöre.« (Lukas 22,32) So kann auch, wenn wir Kinder taufen lassen, unser Glaube den ihren, der bei Säuglingen noch gar nicht vorhanden ist, nicht ersetzen. Aber die Taufe geschieht doch im Vertrauen darauf, dass Gott selbst dem Täufling den erforderlichen Glauben schenken möge und die Eltern, Paten sowie die Gemeinde ihre Verantwortung für die christliche Erziehung des Kindes wahrnehmen. Der Wunsch und das Bemühen, Kinder im christlichen Glauben zu erziehen, ist auch eine Gestalt von Mission, wird doch niemand als Christ geboren. Menschen können einander in ihrem Glauben bestärken und aufrichten, wenn sie selbst den Glauben und den Mut zu verlieren drohen. Wir können uns auch den Zuspruch des Evangeliums nicht selbst geben, sondern können ihn immer nur von anderen empfangen. Auch dann, wenn wir ihn nicht mündlich hören, sondern in der Bibel lesen, ist das doch nur möglich, weil es eine Überlieferungsgemeinschaft gibt, welche die Bibel bis auf den heutigen Tag verbreitet und in alle Sprachen übersetzt.

Paulus hat das Glaubensleben gelegentlich mit einem Wettlauf verglichen (1.Korinther 9,24–25; Philipper 3,14), bei dem jeder für sich um den Sieg kämpft. In gewisser Weise ist der Glaube aber ein Mannschaftssport oder doch ein Sport, den man im Verein ausübt. Vielleicht eignet sich überhaupt der Vergleich mit einem Orchester oder einem Chor besser. Jeder Musiker spielt sein eigenes Instrument, jede Sängerin hat ihre eigene Stimme, aber das Musikwerk kann nie von einem allein aufgeführt werden. Dass man für den persönlichen Glauben andere Menschen nicht benötige, stimmt schon deshalb nicht, weil sich das Christentum auf eine geschichtliche Offenbarung und ein Geschehen in der Vergangenheit zurückführt, die mich ohne Überlieferung vergangener und gegenwärtig lebender Personen gar nicht erreichen könnte. Die Weitergabe des Evangeliums bedarf einer Gemeinschaft. Und diese Gemeinschaft, in der die Botschaft des christlichen Glaubens, die mir zum Wort und zur Anrede Gottes werden kann und soll, verkündigt und in Gestalt von Taufe und Abendmahl sichtbar gefeiert wird, nennen wir Kirche. Sie tritt in erster Linie nicht als Organisation, sondern als zum Gottesdienst versammelte Gemeinde zusammen.

Kirche ist die weltweite Gemeinschaft derer, die an Jesus Christus glauben, in dem sich Gott letztgültig offenbart hat. In ihr und durch sie bezeugt Gott seine Gegenwart in der Welt. Sie ist der Ort, an dem Gott zu Menschen auf lebensbestimmende Weise in Beziehung tritt und an dem diese lebensbestimmende Beziehung in Gemeinschaft gelebt wird.

Ich halte es daher für unzureichend, das Evangelischsein und evangelische Identität auf religiöse Subjektivität oder auf Gewissensfreiheit in Glaubensfragen zu reduzieren. Christsein auf evangelisch ist zwar eine höchstpersönliche Angelegenheit, aber nicht mit religiösem Individualismus zu verwechseln, der sich selbst genügt. Man bezeichnet das evangelische Christentum gern als Gewissensreligion. Aus sich selbst heraus begründet das Gewissen aber keine Religion, und es schafft auch keinen Glauben im Sinne einer lebensbestimmenden Gottesbeziehung, die von unbedingter Gewissheit getragen ist.

Wie schon weiter oben gesagt wurde, ist Glaube nach evangelischem Verständnis zwar in erster Linie ein unbedingtes Vertrauen auf Gott und nicht ein Fürwahrhalten dogmatischer Sätze und Formeln. Heute allerdings entsteht bisweilen der Eindruck, als spielten verbindliche Inhalte für den Glauben gar keine Rolle mehr. Statt dessen ist viel von individueller, gelebter Religion und von Spiritualität die Rede, während gleichzeitig ein besorgniserregender Schwund an elementaren Kenntnissen christlicher Glaubensinhalte wie auch an Bibelkenntnissen zu verzeichnen ist. Die ›Entsubstantialisierung‹ des Glaubens, die im Gefolge der Aufklärung und seit Schleiermacher stattgefunden hat, birgt die Gefahr, dass der Begriff des Glaubens seine christlichen Konturen verliert und nur noch im Sinne eines unbestimmten Urvertrauens verstanden wird.

Weil das den Glauben begründende Evangelium auf Kommunikation angewiesen ist und weil der Glaube nur in Gemeinschaft mit anderen gelebt werden kann, kann es auch Freiheit im evangelischen Sinne nicht ohne Zugehörigkeit zur Kirche geben. Die ›kommunikative Freiheit‹ des Glaubens verstetigt sich in der Kirche als Institution oder auch

Anwältin der Freiheit. Allerdings ist stets zu fragen, inwiefern Institutionen die menschliche Freiheit – auch die Freiheit des Glaubens – fördern oder hindern. Zwar äußert sich die Kritikfähigkeit des Glaubens, von der schon die Rede war, auch in einer beständigen Kritik bestehender kirchlicher Verhältnisse und Strukturen, nicht aber in der grundsätzlichen Ablehnung der Kirche als solcher. Maßstab der Kritik kann immer nur das biblisch bezeugte Wort Gottes sein, nicht der Zeitgeist oder individuelle Vorlieben. Am Evangelium müssen sich die geschichtlich und empirisch existierenden Kirchen daraufhin befragen lassen, ob sie ihrem Auftrag gerecht werden, Institution der Freiheit zu sein, die aus dem Evangelium von der Rechtfertigung des Gottlosen kommt.

Den eigenen Glauben können evangelische Christen nicht in Selbstgenügsamkeit – ›splendid isolation‹ – leben, sondern nur in ökumenischer Gesinnung. Die eine Kirche, zu der sich die Christen im Apostolischen Glaubensbekenntnis bekennen, existiert in der Vielzahl der Kirchen und Konfessionen, die allerdings durchaus unterschiedliche Auffassungen vertreten, wie Glaube und Kirche zusammengehören. Nach wie vor bestehen grundlegende Auffassungsunterschiede zwischen evangelischem und katholischem Kirchenverständnis. Friedrich Schleiermacher hat den Unterschied auf folgende, bis heute gültige Weise erklärt: Während nach katholischer Lehre das Verhältnis der Glaubenden zu Christus abhängig von ihrem Verhältnis zur Kirche ist, mache der Protestantismus das Verhältnis der Einzelnen zur Kirche von ihrem Verhältnis zu Christus abhängig. Sie haben nach evangelischer Lehre ein Verhältnis zur Kirche, sofern sie ein Verhältnis zu Christus haben. Die Zugehörigkeit zur Kirche ist also nicht Bedingung, sondern Folge oder Verwirklichung der Christusbeziehung.

Was nun das Verhältnis der Kirche zur Gesellschaft betrifft, wird heute gern und häufig eine Formel des evangelischen Theologen Dietrich Bonhoeffer zitiert: Kirche habe nur als Kirche für andere ihre Daseinsberechtigung, also im Engagement für die Schwachen und die Armen. Die Kirche für andere ist eine durch und durch diakonische Kirche. Auf der evangelischen Diakonie oder der katholischen Caritas beruht in erheblichem Maße das öffentliche Ansehen, das die Kirchen noch immer in unserer Gesellschaft genießen.

Bonhoeffers Formel ist freilich eine verkürzte Beschreibung von Wesen und Auftrag der Kirche. Um nämlich Kirche für andere zu sein, muss die Kirche erst einmal Kirche sein und bleiben, nämlich die Gemeinschaft der an Christus Glaubenden. Nur wenn sie eine Kirche *mit* anderen ist, kann sie auch eine Kirche *für andere* sein, wie Wolfgang Huber richtig bemerkt. Zwar entscheidet sich das Kirchesein der Kirche an ihrer Bereitschaft, sich für andere einzusetzen, deren Leben elementar bedroht und gefährdet und deren Würde missachtet und verletzt wird. Die Formel »Kirche für andere« schlägt aber einen aktivistischen Ton an, der leicht übersieht, dass die Gemeinschaft der Glaubenden, die für andere da sein soll, zuallererst gebildet und beständig neu gestärkt werden muss.

Worum es Bonhoeffer eigentlich geht, kommt besser zum Ausdruck in einem Brief, den er im Mai 1944 zum Tauftag seines Patenkindes Dietrich Wilhelm Rüdiger Bethge geschrieben hat. Kirche als Gemeinschaft der Glaubenden besteht demnach aus Menschen, »die beten und das Gerechte tun und auf Gottes Zeit warten«. Zum Glauben gehört eben nicht nur das Handeln, sondern auch das Warten und Hoffen. Glaubende Menschen leben in einem Horizont, in dem Menschen Empfangende sind, sagt doch schon Paulus in 1. Korinther 4,7: »Was hast du, das du nicht empfangen hast?« Das ist gerade der ethische Sinn der Rechtfertigungslehre. Und in ihr finden wir den Schlüssel zu einem evangelischen Verständnis der Kirche und ihres Kircheseins. In theologisch dürftiger Zeit sind wir freilich wieder ganz auf die Anfänge des Verstehens zurückgeworfen, was denn Worte wie Rechtfertigung, Versöhnung und Erlösung, Kreuz und Auferstehung, Gericht und ewiges Leben heißen.

Ob eine Trendumkehr bei der Mitgliederentwicklung oder bei der Säkularisierung und der Zurückdrängung von Religion und Kirche ins Private möglich ist, sei dahingestellt. Sich solchen Zielen zu verschreiben kann zur Quelle einer heillosen Selbstüberforderung der kirchlichen Engagierten, der Haupt- und Ehrenamtlichen führen. Ich verstehe unsere Aufgabe vielmehr wie Bonhoeffer, eine wartende Kirche zu sein. Sie wartet unter Beten und Tun des Gerechten auf *Gottes* Zeit, die sich nicht durch Organisationsentwicklung und Gemeindeaufbauprogramme herbeizwingen lässt. Gleichwohl haben wir selbst für die Kirche im Rahmen dessen Sorge zu tragen, was uns von Gott als Verantwortung übertragen ist. Und selbstverständlich ist jeder Christ gerufen und berufen, sich über seinen Glauben Rechenschaft zu geben und ihn unaufdringlich, aber angstfrei jedem gegenüber zu bezeugen, wenn die Kommunikationssituation das ermöglicht oder gar erfordert.

Kirche für andere: Die Kirche ist keine Partei, aber sie ergreift Partei, wenn es um ein menschenwürdiges Leben, insbesondere der Schwachen, der Notleidenden und Bedrängten, geht. Diese Aufgabe ist aber nicht damit zu verwechseln, dass die Kirche andauernd die Rolle der politischen Opposition spielen möchte. Das Evangelium ist kein politisches Programm, aber es hat eine politische Dimension, an welche die Bitte des Vaterunsers um das Kommen des Reiches Gottes beständig erinnert. Die Kirchen geraten in der säkularen Gesellschaft zunehmend in eine Minderheitenposition. Wenn sie sich weiterhin als Volkskirche verstehen wollen, wird es für ihre Zukunft von großer Bedeutung sein, die Kontaktflächen zur Politik auszubauen, das Gespräch mit allen politischen Kräften und Parteien zu pflegen, unter deren Wählern sich schließlich auch evangelische und katholische Kirchenmitglieder befinden. Wollen die Kirchen das Evangelium auch im Bereich des Politischen verkündigen, müssen sie zunächst einmal hörende Kirche sein. In erster Linie hat die Kirche auf das Wort Gottes zu hören, aber genauso muss sie den Menschen, zu denen sie sich gesandt weiß, zuhören. Das gilt für Politik nicht minder wie für die Seelsorge. Die Kirche hat aber auch die Aufgabe, ideologische Tendenzen der Gesellschaft kritisch zu begleiten, auch wenn ihr das regelmäßig als Institution nur sehr bedingt gelingt. Das liegt nicht allein am gesellschaftlichen Anpassungsdruck, sondern auch daran, dass Christen Sünder bleiben. Trotzdem ist und bleibt Ideologiekritik eine unaufgebbare Gestalt des prophetischen Amtes der Kirche, und durch die Jahrhunderte hat es immer Einzelne und christliche Gruppen gegeben, die diese Aufgabe erfüllt und so immer wieder Neuanfänge befördert haben.

Taufe

Wir alle werden als Menschen geboren. Zum Christen aber wird man nicht geboren, sondern getauft. In der Verbindung mit Christus, die durch die Taufe begründet und besiegelt wird, sollen wir zu unserer wahren Bestimmung und die Erfüllung unseres Lebens finden.

Nach allem, was wir wissen, hat Jesus von Nazareth keine Menschen getauft. Anderslautende Auskünfte im Johannesevangelium (3,22; 4,1–3) sind wohl als legendarisch einzustufen. Insofern ist die christliche Taufpraxis – anders als das Abendmahl – nicht direkt auf den irdischen Jesus zurückzuführen. Und sie ist auch nicht einfach aus der Johannestaufe entstanden, die ein Bußritus zur Vorbereitung auf die kommende Gottesherrschaft war, die Johannes verkündigte und in deren Sinn er Jesus am Jordan taufte. Sie hat vielmehr eine eigenständige Bedeutung als Symbol der Verbindung mit dem auferstandenen Christus und der Eingliederung in die Gemeinde, die als Leib Christi (1. Korinther 12,12–31) gedeutet wird. Auch wird mit der Taufe im Neuen Testament die Gabe des Heiligen Geistes verbunden. Das Sakrament der Taufe kann sich jedenfalls auf keine ausdrückliche Anweisung des historischen Jesus berufen, sondern nur auf den Taufbefehl des erhöhten Christus (Matthäus 28,19). Durch ihn ist die Wassertaufe gegenüber anderen denkbaren Formen der individuellen Heilsvermittlung ausgezeichnet. Die Wassertaufe ist aber nicht in dem Sinne heilsnotwendig, dass zum Beispiel ein ungetauft verstorbenes Kind nicht in den Himmel käme. Die christliche Kirche weiß sich aber berufen, die Besiegelung des Zuspruchs der Gnade in der durch den Taufbefehl ausgezeichneten Weise an einzelnen Menschen zu vollziehen.

Wir alle sind dazu bestimmt, Gottes Geschöpfe und Gottes Ebenbild zu sein. In unserem Antlitz soll sich die Güte Gottes widerspiegeln. In unserem Leben, unserem Tun und Lassen soll die Liebe und Menschlichkeit Gottes spürbar werden, auch für andere. Das ist jedoch keineswegs immer der Fall. Die Gottebenbildlichkeit ist wohl unsere geschöpfliche Bestimmung, aber keineswegs unsere angeborene Natur. Selbstsucht und Eigenliebe lassen uns bestenfalls zum Zerrspiegel der Güte und Menschlichkeit Gottes werden, fleckig und dunkel.

Von Jesus Christus aber heißt es im Neuen Testament, dass er das wahre Ebenbild Gottes ist, in dessen Antlitz die Herrlichkeit Gottes aufstrahlt (2. Korinther 4,5). Von ihm und in der Verbindung mit ihm können wir lernen, was es heißt, als ein dankbares Geschöpf Gottes zu leben; als ein Mensch, der für andere zu einem Segen wird. Wenn wir Kinder taufen, so tun wir das im Vertrauen darauf, dass auch ihnen durch Christus, durch sein Leben, sein Sterben und seine Auferstehung die Güte und Barmherzigkeit Gottes aufgeht; so dass sie, verbunden mit Christus, selbst zu wahrer Liebe und Menschlichkeit fähig werden.

Wir werden hineingeboren in eine Welt, die nicht nur schöne Seiten hat, sondern in der auch das Böse herrscht. Keiner entgeht der Verstrickung in das Böse, wobei wir nicht nur zu Opfern, sondern auch zu Tätern werden. Immer wieder wird uns schmerzlich bewusst, dass wir nicht so sind, wie wir sein sollten, und dass wir unser Vertrauen nicht so auf Gott setzen, wie es eigentlich gut und richtig wäre.

Doch in der Taufe sagt uns Gott zu, dass seine Liebe zu uns stärker ist als alles, was uns von ihm trennen könnte. Seine Barmherzigkeit, Güte und Treue bleiben bestehen, auch wenn wir schuldig werden. In der Taufe sagt er uns zu, dass das Böse über uns keine Macht haben soll, sondern dass uns Gott von dem Bösen erlösen will, wie wir im Vaterunser beten. Durch Jesus Christus wissen wir, dass uns nichts von der Liebe Gottes scheiden kann, nicht einmal der Tod.

Verbreitet ist die Praxis, Kinder schon im Säuglingsalter taufen zu lassen. Diese Praxis hat ihren guten Sinn. Eltern, die ihr Kind taufen lassen möchten, verstehen die Taufe heute oftmals nur als eine Segenshandlung. Sie möchten ihr Kind unter Gottes Schutz stellen und ihre Dankbarkeit für das Neugeborene zum Ausdruck bringen. Die ersten drei Evangelien erzählen, dass Jesus bei einer Gelegenheit Kinder gesegnet und dabei zu den umstehenden Erwachsenen gesagt hat: »Lasst die Kinder zu mir kommen und wehret ihnen nicht; denn solchen gehört das Reich Gottes.« (Markus 10,14) Doch die Taufe ist nicht mit einer Kindersegnung zu verwechseln oder jedenfalls nicht darauf zu reduzieren. Sie ist vielmehr ein Ritus, in dem die Botschaft des Glaubens, dass der Mensch allein durch den Glauben vor Gott bestehen kann und gerettet wird, einem einzelnen Menschen lebensgeschichtlich einmalig zugesprochen wird. Das Evangelium wird ihm unter dreimaligem Übergießen mit Wasser auf dem Kopf – oder auch unter dreimaligem Untertauchen – zugesagt.

Die Einmaligkeit der Handlung ist Ausdruck der Einmaligkeit des Christusgeschehens wie der Tatsache, dass der

Zuspruch der rechtfertigenden Gnade ein für alle Mal gilt. Als einmaliger Akt hat die Taufe den Charakter einer Besiegelung, mit der die Gültigkeit des Zuspruchs der Rechtfertigung allein aus Gnade einem Einzelnen ein für alle Mal bestätigt wird. Sie symbolisiert, dass ein Mensch durch den Glauben zu einem neuen Geschöpf, einem neuen Menschen wird. »Ist jemand in Christus, so ist er eine neue Kreatur«, schreibt Paulus. »Das Alte ist vergangen, siehe, Neues ist geworden.« (2. Korinther 5,17) Wer zum Glauben findet, ist wie neu geboren. Das kommt in der Säuglingstaufe besonders stark zum Ausdruck. Aber die Taufe ist keine magische Handlung. »Wasser allein«, so Luther, »tut's freilich nicht, sondern das Wort Gottes, das mit und bei dem Wasser ist, und der Glaube, der solchem Worte Gottes im Wasser traut.« So wird die Taufe an Säuglingen in der Hoffnung vollzogen, dass sie zu eben jenem Glauben finden mögen, der ihnen in der Taufe verheißen wird.

Das Element des Wassers symbolisiert nicht nur das Leben, dessen Quelle Gott ist, und auch nicht nur das Motiv der Reinigung von allem, was uns Menschen von Gott trennt, sondern es ist nach der Deutung, die Paulus der Taufe gegeben hat, auch ein Symbol für den Tod und die Auferstehung Jesu. Die Getauften sind nach Auffassung des Apostels mit Christus begraben, um wie Christus durch Gott von den Toten zu einem neuen Leben auferweckt zu werden (Römer 6,3–11). Sie haben gleichsam Christus angezogen (Galater 3,27), so dass nun Christus in ihnen lebt (Galater 2,20). Die Taufe bedeutet Befreiung von der Herrschaft der Sünde (Römer 6,7), und zwar aufgrund des Kreuzestodes Christi.

Wie die natürliche Geburt die gesamte Existenz und Biographie des Menschen bestimmt, so auch die Taufe die Existenz und Biographie des Christenmenschen. Die Philosophin Hannah Arendt (1906–1975) hat den Begriff der Geburtlichkeit geprägt. Wie unser Leben tagtäglich von unserer Sterblichkeit geprägt ist, so ist es auch von den Umständen geprägt, in die wir hineingeboren werden. Unser alltägliches Dasein ist davon bestimmt, dass wir von ganz bestimmten Eltern abstammen, zu einer bestimmten Zeit an einem bestimmten Ort unter einmaligen Umständen zur Welt gekommen sind. Wir können und müssen uns in Freiheit zu unserer Herkunft verhalten. Wir mögen uns im Verlauf unseres Lebens von unserer Herkunftsfamilie entfremden, mit Eltern und Geschwistern im Streit liegen oder gar brechen. Aber selbst noch in Ablehnung und Streit hat unsere Herkunft eine bestimmende und prägende Kraft.

So verhält es sich auch mit der Taufe. Für den, der glaubt, ist sie keine abgeschlossene und zurückliegende Episode im eigenen Leben, sondern sie prägt dem ganzen Leben aus Glauben ihren Stempel auf. Im Glauben neu geboren werden, das ist die Geburtlichkeit des Glaubens, die dem ganzen Leben seine Richtung gibt und täglich aufs Neue zu erfahren ist. Luther hat diese Prägekraft der Taufe drastisch beschrieben. Die Taufe bedeute, dass der alte Adam in uns durch tägliche Reue und Buße ersäuft werden und wiederum jeden Tag ein neuer Mensch in uns auferstehen solle, der in Gerechtigkeit und Reinheit vor Gott lebe. Aus Glauben neu geboren und ein neuer Mensch werden, das bleibt ein lebenslanger Prozess.

Abendmahl

Religion, so die berühmte Definition des evangelischen Theologen Friedrich Schleiermacher (1768–1834) in seinen Reden »Über die Religion« (1799), die sich »an die Gebildeten unter ihren Verächtern« wenden, sei »Sinn und Geschmack fürs Unendliche«. Nirgendwo wird dies sinnfälliger als im Abendmahl. Hier lässt sich handfest und mit allen Sinnen erfahren, was das Augsburger Bekenntnis von 1530 – eine der lutherischen Bekenntnisschriften – meint, wenn es das Wort Gottes als »leibliches Wort« (Artikel 5) bezeichnet. Das Brot will geschmeckt, zerkaut und geschluckt werden. Der Weingeruch steigt uns in die Nase, wenn wir vom Kelch trinken und uns den guten Tropfen auf der Zunge zergehen lassen, bevor er die Kehle hinunterrinnt und im Körper eine leichte Wärme verbreitet. Wenn ein Sakrament unseren Sinn und Geschmack fürs Unendliche anspricht und schult, dann ist es das Abendmahl.

In vino veritas: Der vergorene Rebsaft ist ein wahrlich geistliches Getränk, sein Alkoholgehalt immerhin noch eine schwache Reminiszenz an ekstatische Erfahrungen des Urchristentums, weshalb – worauf der Theologe Manfred Josuttis hingewiesen hat – in evangelischen Gebieten der Zusammenhang zwischen dem ersten Abendmahlsgang bei der Konfirmation und dem sich anschließenden säkularen Initiationsritus des ersten gemeinschaftlichen Alkoholgenusses im Familienkreis nicht ganz grundlos ist. Schon deshalb erscheint es mir problematisch, dass der Wein aus der evangelischen Abendmahlsfeier zunehmend verbannt und durch Traubensaft ersetzt wird. Nicht dass es gute Gründe gibt, das Abendmahl gelegentlich auch mit Traubensaft zu feiern. Aber es zeugt von ekstasefeindlichem Rationalismus, wenn ausgerechnet das Abendmahl zur Kampfzone gegen Alkoholmissbrauch erklärt wird.

Sinn und Geschmack fürs Unendliche: Der Mensch lebt nicht vom Brot allein, aber ohne Brot kann er schon gar nicht leben. Brot ist das Grundnahrungsmittel schlechthin und darum zugleich von symbolischer Bedeutung. Es symbolisiert unsere Bedürftigkeit und unseren Hunger, der täglich neu gestillt werden muss. Erst kommt das Fressen, dann die Moral, hat Bertolt Brecht treffend notiert. Fressen und gefressen werden lautet das Grundgesetz allen Lebens, unumstößlich und unbarmherzig.

Die neutestamentliche Überlieferung führt das Abendmahl auf Jesus selbst zurück. In einigen Details weichen die Einsetzungsberichte in Matthäus 26,17–30; Markus 14,12–25; Lukas 22,7–23; 1. Korinther 11,23–25 allerdings voneinander ab. Paulus und Lukas berichten, Jesus selbst habe seine Jünger angewiesen, das Mahl nach seinem Tod regelmäßig zu feiern. Die Einsetzungsworte deuten Brot und Wein auf Leib und Blut Christi hin, wobei Leib und Blut nicht im biologischen Sinne zu verstehen sind, sondern nach hebräischem oder aramäischem Sprachgebrauch für die leibhaftige Person als ganze stehen, genauer gesagt für sein Leben, das Jesus für alle hingegeben hat.

Sinn und Geschmack fürs Unendliche: Wovon leben wir? Womit stillen wir buchstäblich und im übertragenen Sinne unseren Lebenshunger, der sich zur Gier steigern kann?

Woraus schöpfen wir täglich neue Lebenskraft? Jede Abendmahlsfeier, die den Tod Jesu von Nazareth ins Gedächtnis ruft und die Gemeinschaft zwischen uns und dem Gekreuzigten bekräftigen soll, stellt uns diese Frage. Brot und Wein, die wir beim Abendmahl miteinander teilen – und die Kommunion in beiderlei Gestalt ist ja durchaus auch in katholischen Gemeinden möglich! – geben auf die Frage nach der Quelle und dem Sinn unseres Lebens eine ganz elementare Antwort. Symbolisch verweisen sie auf den Gekreuzigten und Auferstandenen, der von sich im Johannesevangelium (6,35) gesagt hat, er sei das Brot des Lebens. Wie Essen und Trinken ganz buchstäblich Leib und Seele zusammenhalten, so können wir aus dem Glauben an Jesus von Nazareth Kraft für unser Leben schöpfen. In ihm finden wir die Grundlage für ein Leben, das gerade nicht im buchstäblichen Sinne vom Brot allein lebt, sondern den Teufelskreis von Fressen und Gefressenwerden durchbricht.

Sinn und Geschmack fürs Unendliche: »Essen und Trinken tut's freilich nicht, sondern die Worte, die da stehen: Für euch gegeben und vergossen zur Vergebung der Sünden«, so Martin Luther in seinem Kleinen Katechismus von 1529. »Wer diesen Worten glaubt, der hat, was sie sagen und wie sie lauten, nämlich: Vergebung der Sünden.« Auch wenn Taufe und Abendmahl nicht auf die Sündenvergebung eingeengt werden dürfen, markiert diese doch das Zentrum beider Sakramente. Es stellt sich darum die Frage, ob der Zuspruch der Sündenvergebung nicht auch ein Kriterium für einen allgemeinen evangelischen Sakramentsbegriff ist. Gemäß diesem Kriterium hat aber auch die Predigt nach evangelischem Verständnis sakramentalen Charakter. Dies verbindet sie mit der Absolution in der Beichte.

Die Betonung der Sündenvergebung mag als Rückfall in die Düsternis erscheinen, welche die evangelische Feier des Abendmahls noch zu meiner Kinderzeit überschattet hat. Damals gingen viele evangelische Gemeindeglieder nur ganz selten zum Abendmahl, schwarz gekleidet, in ernster Stimmung, die von Gedanken an Schuld und Tod, Gottes Zorn und Jesu Lebensopfer geprägt war. Die Abendmahlsbewegung der letzten Jahrzehnte hat demgegenüber den Gedanken erfahrbarer Gemeinschaft sowie der Hoffnung und der Vorfreude auf das Reich Gottes herausgestellt. Bei Großveranstaltungen wie den Kirchentagen herrscht heutzutage eine festliche und auch heitere Stimmung.

Sündenvergebung und Freude passen freilich gut zusammen. Im Abendmahl wird unsere Befreiung von aller Schuld gefeiert, besiegelt und – ja, warum nicht? – begossen. Man soll die Feste feiern, wie sie fallen, solange man weiß, was es hier eigentlich zu feiern gilt. Wenn aber Schuld und Sünde aus dem Blick geraten, wird das Abendmahl zum religiösen Event und dessen Gemeinschaftserlebnis zum Selbstzweck verfälscht. Wie es seinerzeit die ersten Christen in Korinth nötig hatten, sich von Paulus daran erinnern zu lassen, dass die Gemeinde im Abendmahl den Tod Christi verkündigt, so haben wir das auch heute nötig.

Im Abendmahl ist die Gemeinde nicht nur Adressat, sondern auch Subjekt der Verkündigung. Die gemeinschaftliche Feier mit Brot und Wein ist eine Predigt der Gemeinde. Diese Aussage ist theologisch keineswegs selbstverständlich. In der Abwehr des traditionellen römisch-katholischen Sakramentsverständnisses interpretiert die lutherische Theologie die Sakramente einseitig als Wort bzw. Handeln Gottes. Reformierter Tradition entspricht es, die Sakramente gleichzeitig als menschliche Handlungen zu deuten, durch welche der Glaube bezeugt wird. Eine zweifache Betrachtungsweise legt sich nahe. Die Sakramente sind leibliches Wort des Glaubens und zugleich Wort Gottes. So wie etwa die Predigt Wort des Glaubens ist, in, mit und unter dem Gott selbst zur Sprache kommt – wann und wie es Gott gefällt –, so auch die Sakramente.

Das rechte Verständnis dessen, was beim Abendmahl geschieht und wie die Gegenwart Christi in der Mahlfeier zu deuten ist, hat in der Geschichte des Christentums zu Streitigkeiten und Trennungen geführt, die teilweise bis heute fortbestehen. Die römisch-katholische Kirche und die orthodoxen Kirchen sehen noch immer keine Möglichkeit, Abendmahlsgemeinschaft mit den evangelischen Kirchen zu pflegen, weil nach ihrer Auffassung die Leitung einer gültigen Mahlfeier nur durch einen nach katholischem oder orthodoxem Amtsverständnis geweihten Priester möglich ist. Nur in Ausnahmefällen werden evangelische Christen zur katholischen Eucharistiefeier zugelassen. Anders das evangelische Verständnis, wonach Christus der Einladende ist und niemanden, der getauft ist, von der Mahlfeier ausschließt.

Auffassungsunterschiede herrschen zwischen den Konfessionen auch über Wesen, Zahl und Gültigkeit der Sakramente. Für den evangelischen Glauben liegt das Gewicht wie bei der Predigt auf dem Wort, das bei den Sakramenten gesprochen und verkündigt wird. Der Mensch ist dabei als Hörer und Empfänger des Wortes gedacht. Das Abendmahl ist so gesehen eine Empfangshandlung. Die Teilnehmenden sind jedoch nicht nur rezeptiv, sondern auch aktiv beteiligt, wie Paulus hervorhebt, wenn er die Mahlfeier in 1. Korinther 11,26 als gemeinschaftliche Verkündigung des Todes Jesu – und nicht etwa nur als Verkündigung durch den Gemeindeleiter – deutet: »Sooft ihr von diesem Brot esst und aus dem Kelch trinkt, verkündigt ihr den Tod des Herrn, bis er kommt.« Wie die Taufe ist auch das Abendmahl im doppelten Sinne ein *Wort des Glaubens*, nämlich eine *menschliche Antwort* auf das Evangelium, die ihrerseits zum Wort Gottes werden und im Vollzug des Sakraments als solches vernommen werden kann, so dass es für den einzelnen Teilnehmer nun in der Tat zu einer Empfangshandlung wird.

Aus religionswissenschaftlicher Sicht handelt es sich beim Abendmahl um ein Ritual. Soziologisch und sozialpsychologisch betrachtet stellen Rituale soziale Zusammenhänge her, haben Ordnungsfunktion und machen geschichtliche Kontinuitäten bewusst. Sie haben eine emotional und psychologisch stabilisierende und zugleich eine kognitiv entlastende Funktion. Auf symbolische Weise bringen sie ein Gemeinschafts-, Geschichts- und Wertebewusstsein zur Darstellung. Symbolisch verweist die Mahlfeier insbesondere auf den diakonischen Aspekt christlichen Lebens, nämlich die Bereitschaft zum Teilen und die Sorge um die Bedürftigen und Notleidenden im Sinne des Wortes Jesu: »Was ihr einem meiner geringsten Brüder oder Schwestern getan habt, das habt ihr mir getan.« (Matthäus 25,40) Besonders Lukas unterstreicht in seiner Apostelgeschichte den Zusammenhang zwischen Gemeinschaftsmahl und christlichem Gemeinschaftsethos.

Im Abendmahl wird das letzte Mahl Christi mit seinen Jüngern nachgestaltet, wobei das Brechen und der Verzehr des Brotes ebenso wie das gemeinschaftliche Trinken aus dem Kelch den Tod Christi als Heilsgeschehen symbolisieren. Vor allem in der ostkirchlichen Liturgie ist schon die Zubereitung der Elemente eine dramaturgische Inszenierung der Kreuzigung Christi. So kann man sagen, dass es sich bei den Sakramenten nicht nur um symbolische, sondern auch um dramaturgische Handlungen handelt, die einen ritualisierten, d. h. auf Wiederholung angelegten Ablauf besitzen. In den Sakramenten kommunizieren Menschen untereinander in ritueller Form und treten hierbei zugleich in Kommunikation mit Gott.

Die ersten drei Evangelien erzählen, dass Jesu letztes Mahl mit seinen Jüngern ein Passamahl gewesen ist. Wie das Passafest an die Befreiung Israels aus Ägypten erinnert, so das Abendmahl an die Befreiung der Menschen von der Macht der Sünde und des Todes. So reiht sich das Leben und Sterben Jesu in die Befreiungsgeschichte Israels ein, und diese findet nach christlicher Überzeugung in der Auferweckung Jesu von den Toten ihre Erfüllung. Jesus Christus, wahrer Mensch und wahrer Gott, ist eben nicht nur ein geborener, sondern auch ein von den Toten auferstandener Jude. Auch wenn das Bekenntnis zu Jesus als Messias und Sohn Gottes Christen und Juden trennt, wissen sich die Christen doch untrennbar mit dem Judentum verbunden. Auch daran erinnert die Feier des Abendmahls.

Die als Sakramente bezeichneten Rituale sind nach christlichem Verständnis nicht nur als *darstellendes* Handeln der *Gemeinde*, sondern als Handeln *Gottes* zugleich als ein *wirksames* - wir können auch sagen *real*symbolisches Handeln - zu deuten. In ihnen teilt Gott sich mit und gibt den teilnehmenden Personen Anteil an seiner Gnade. Dass die Sakramente Mitteilung der Gnade sind und Teilhabe an ihr gewähren, ist jedenfalls die Verheißung, unter der sie stehen. Umgekehrt ist das biblisch bezeugte Vorliegen solch einer Verheißung und eines dementsprechenden Auftrages nach evangelischer Auffassung das Kennzeichen eines Sakramentes und das Kriterium seiner Unterscheidung von sonstigen kirchlichen Handlungen.

Sinn und Geschmack fürs Unendliche: Brot und Wein versinnbildlichen Leib und Blut des Gekreuzigten und Auferstandenen. Unser Essen und Trinken symbolisiert geradezu die Tötung und Vernichtung Christi. Ambivalente Assoziationen von Einverleibung mögen in uns aufsteigen. Das Johannesevangelium (6,51-58) scheut nicht vor dem anstößigen Bild vom Verzehr des Fleisches und Blutes Christi zurück. Freilich darf diese symbolische Aussage nicht dinghaft missverstanden werden. Die Feier des Abendmahls ist eine Verleiblichung des Wortes, durch welches uns die Vergebung unserer Schuld zugesprochen wird. Nicht als solche, sondern sofern wir ihre Botschaft verstehen und glauben, verbinden uns Brot und Wein mit Jesus Christus. Die reformierte Tradition drückt es folgendermaßen aus: So gewiss wir uns Brot und Wein einverleiben, so gewiss lebt Christus in uns, wenn wir an ihn glauben. Im Glauben ist sein Geist in uns, der uns lebendig macht und unser Leben verändert.

Sinn und Geschmack fürs Unendliche: Brot und Wein sind kein magisches Wundermittel, um Unsterblichkeit zu erlangen, sondern ein Symbol, ein Zeichen, das auf den weist, der im Leben und Sterben Gottes Wort in Person war. Jesus von Nazareth hat nicht nur Worte des Lebens *gesprochen* (vgl. Johannes 6,68), Worte, von denen wir zehren können wie von echtem Brot, Worte die uns zum Leben ermutigen, die uns befreien von Angst und Schuld, Worte der Zuversicht und des Trostes. Sondern Jesus *ist* selbst ein Wort, Gottes Wort in Person. Was von ihm im Neuen Testament erzählt wird, von seinen Taten, seinem Umgang mit den Sündern und Ausgestoßenen, von seinem Tod als Zeichen der grenzenlosen Liebe Gottes zu uns Menschen und von seiner Auferstehung, das ist die eiserne Ration auf unserem Lebensweg. Es ist das Manna, von dem wir zehren können, wenn wir im Leben Durststrecken zurücklegen und Wüsten durchqueren müssen, die Wüsten der Angst, des Scheiterns, der Trauer und des Todes, der Anfechtung und Verzweiflung.

Glück und Seligkeit

In Bielefeld gibt es eine Kirche, die von der Gemeinde aufgegeben worden ist und heute ein Restaurant beherbergt. Es heißt »Glück und Seligkeit«. Nicht nur von außen, sondern auch wenn man den Raum betritt, erkennt man, dass es sich um eine ehemalige Kirche handelt. Auch die bunten Kirchenfenster, die nicht entfernt wurden, erinnern daran. Doch wo einst Gottesdienst gefeiert, gebetet und das Abendmahl ausgeteilt wurde, lassen es sich heute die Gäste im modernen, kühlen Ambiente schmecken oder trinken an der Bar einen Whisky.

Nicht jedem, der das Lokal betritt, wird der höchst irdische Genuss ausgesuchter Speisen und Getränke ein Sinnbild für die himmlische Seligkeit sein, an die der Name des Restaurants noch erinnert. Und wem es dort gut schmeckt, muss darum nicht gleich in Verzückung geraten und sich im siebenten Himmel wähnen. Aber ich finde es durchaus passend, über den Zusammenhang von irdischem Glück und himmlischer Seligkeit nachzudenken, und zwar gerade auch dann, wenn wir auf Jesu → **Seligpreisungen** in der Bergpredigt hören.

Bei Lukas sind die Seligpreisungen in der sogenannten Feldrede ein wenig anders als bei Matthäus überliefert. Während Jesus nach der lukanischen Überlieferung die materiell Armen seligpreist, handelt es sich nach Matthäus um die Armen im Geiste. Das sind nun aber nicht intellektuell beeinträchtigte Menschen. Arm im Geiste kann entweder mutlos, verzweifelt oder aber demütig bedeuten. Jedenfalls beobachten wir bei Matthäus - und vor allem in der späteren Auslegungsgeschichte - einen Hang zur Spiritualisierung der Seligpreisungen.

Doch auch bei Matthäus darf das Geistliche und das Materielle nicht auseinandergerissen werden. Die Seligkeit derer, die Jesus glücklich preist, soll doch auch ganz irdisch erfahrbar sein, heißt es doch, dass die Friedfertigen die Erde besitzen - wörtlich: die Erde erben - werden und dass die nach Gerechtigkeit Hungernden nicht nur im übertragenen Sinne, sondern buchstäblich satt werden. Und so ist auch das Himmelreich, das Jesus denen verheißt, welche um der Gerechtigkeit willen verfolgt werden, nicht im Jenseits angesiedelt, sondern es umfasst auch das Diesseits. Es ist nicht erst im Jenseits nach dem Tod zu erwarten, sondern bricht schon hier und jetzt im irdischen Leben an.

Luther übersetzt das griechische Wort *makarios* mit »selig«. Aber das Wort bedeutet im Griechischen eigentlich so viel wie glücklich. Darum kann man die Seligpreisungen auch so übersetzen: »Glücklich sind« oder »glücklich zu schätzen sind, diejenigen, die ...«.

Das Streben nach Glück ist zutiefst menschlich. Die amerikanische Unabhängigkeitserklärung begründet dies aus dem biblischen Schöpfungsglauben. »Alle Menschen«, so sagt sie, »sind gleich geschaffen.« Der Schöpfer habe ihnen bestimmte unveräußerliche Rechte verliehen, nämlich das Recht auf Leben, die Freiheit und »das Streben nach Glück«.

Das menschliche Streben nach Glück findet bei Jesus eine provozierende Antwort. Er preist nicht die Reichen, Schönen und Berühmten glücklich, sondern diejenigen, die auf der

Schattenseite des Lebens stehen, die Armen und die Leidtragenden. Nicht die Mächtigen, sondern die Friedfertigen wie auch diejenigen, die unter Unrecht und Gewalt leiden und um der Gerechtigkeit willen verfolgt werden. Nicht diejenigen, die mit allen Wassern gewaschen, sondern die reinen Herzens sind. Nicht die Gerechtigkeitsfanatiker und Besitzstandswahrer, sondern die Barmherzigen. Bei Jesus heißt es auch nicht, dass jeder seines Glückes Schmied sei. Das ist die Umwertung aller Werte, die in unserer Gesellschaft hoch im Kurs stehen.

Wer nur mit halbem Ohr hinhört, mag Jesus für zynisch halten. Den Armen und Leidtragenden, den um der Gerechtigkeit willen Verfolgten auch noch einen »Herzlichen Glückwunsch!« zuzurufen wirkt verstörend. Und klingen die Verheißungen, die Versprechungen, die ihnen Jesus macht, nicht nach billiger Vertröstung?

Das sind Jesu Worte keineswegs. Wie ernst es ihm mit seinen Zusagen ist, hat er durch seinen Weg ans Kreuz unter Beweis gestellt. Dietrich Bonhoeffer hat einmal gesagt, zwischen Gott und dem Glück steht im Alten Testament als Zwischenbegriff der Segen. Er sei »die Inanspruchnahme des irdischen Lebens für Gott«. Während im Alten Testament der Segen auch das Kreuz in sich schließe, schließe das Kreuz im Neuen Testament auch den Segen in sich. Es ist dieser Segen des Kreuzes, in dem die Seligpreisungen der Bergpredigt ihren letzten Grund haben.

Die Seligpreisungen sind kein Ratgeber, keine Anleitung zum Glück, wie man sie als Duzendware in den Buchhandlungen finden kann. Aber sie zeigen doch die Richtung an, die unser eigenes Leben nehmen muss, wenn wir an dem

Glück teilhaben wollen, dessen Inbegriff Gott selbst ist. Das von ihm zu erwartende Glück ist und bleibt eine unverfügbare Gabe. Es besteht nicht darin, dass alle unsere Wünsche in Erfüllung gehen, wohl aber alle Verheißungen Gottes. Wer dem Bergprediger nachfolgen will, der kreist nicht ständig um die Frage, was einen selbst glücklich macht, sondern was ich dazu beitragen kann, dass andere glücklich werden und ihnen geholfen wird. Wer bei Jesus in die Schule des Glaubens geht, der lernt es, in erster Linie nicht zu fragen, wie er getröstet wird, sondern wie er andere trösten und aufrichten kann.

Der evangelische Theologe Christoph Markschies regt dazu an, aus den Seligpreisungen christliche Tugenden abzuleiten, die sich durch das achtspitzige Kreuz des Johanniterordens und des Malteserordens versinnbildlichen lassen: *Bescheidenheit vor Gott* – selig, die da geistlich arm sind; *Geduld im Leben* – selig, die da Leid tragen; *Temperamentskontrolle* – selig die Sanftmütigen; *Zivilcourage in der Öffentlichkeit* – selig, die da hungert und dürstet nach Gerechtigkeit; *anderen verzeihen können* – selig die Barmherzigen; *Aufrichtigkeit sich selbst und anderen gegenüber* – selig, die reinen Herzens sind; *sich auf Deeskalation verstehen* – selig, die Frieden stiften; *Ungerechtigkeit aushalten können* – selig, die um der Gerechtigkeit willen verfolgt werden.

Um bei der Tugend der Friedfertigkeit zu bleiben: Deeskalation, Abrüstung, das Umschmieden von Schwertern zu Pflugscharen, beginnt mit der Abrüstung von Worten und mit der Mäßigung unseres Urteils über andere Menschen. Abrüstung beginnt damit, sich nicht ständig im Recht zu wähnen und immer das letzte Wort haben zu wollen.

Wer sich vor Gott um Christi willen gerechtfertigt und anerkannt weiß, kann sich aus der in unserer Gesellschaft verbreiteten Unkultur des Rechthabenwollens befreien, ohne seine tiefsten Überzeugungen aufzugeben. Dann werden auch wir, wie uns Jesus in der Bergpredigt verheißt, Gottes Kinder heißen.

Freude

Dass die Welt und wir nicht von Gott verlassen, sondern von ihm geliebt sind, ist nicht nur Grund zur Hoffnung und Zuversicht, sondern auch zur Freude. Glaubensfreude ist tief empfundene und ansteckende Lebensfreude. Wer solche Freude empfindet, möchte auch anderen Freude bereiten und schenken. Der Glaube muss nicht ständig in überschwenglichen Jubel ausbrechen, wie es Ludwig van Beethovens Ode an die Freude in seiner 9. Sinfonie tut, auch wenn es in einem Weihnachtslied von Paul Gerhardt (1607–1676) heißt: »Fröhlich soll mein Herze springen«. Für mich klingt der Song »Jump« der amerikanischen Hard-Rock-Band van Halen (1981) wie ein Widerhall solch befreiender, ekstatischer Freude. Glaube und Rock 'n' Roll: Why should the devil have all this good music? (Larry Norman, 1972)

Glaubensfreude kennt aber auch die leisen Töne. Sie kann sich nicht nur an der Gabe des Lebens und seinen Schönheiten erfreuen, sondern sich selbst noch in dunklen Stunden und Tagen einstellen. Solche Freude, die keineswegs die Erfahrungen des Negativen ausblendet und auch nicht mit aufgesetzter Fröhlichkeit zu verwechseln ist, kommt in einem alten Kirchenlied aus dem 16. Jahrhundert zum Ausdruck. Der Text stammt vom Thüringer Pfarrer Cyriakus Schneegass (1546–1597), die Melodie – eine Tanzmusik! – von dem italienischen Sänger und Kapellmeister Giovanni Giacomo Gastoldi (um 1556–1622).

In dir ist Freude in allem Leide,
o du süßer Jesu Christ!
Durch dich wir haben himmlische Gaben,
du der wahre Heiland bist;
hilfest von Schanden, rettest von Banden.
Wer dir vertrauet, hat wohl gebauet,
wird ewig bleiben. Halleluja.
Zu deiner Güte steht unser G'müte,
an dir wir kleben im Tod und Leben;
nichts kann uns scheiden. Halleluja.

Wenn wir dich haben, kann uns nicht schaden
Teufel, Welt, Sünd oder Tod;
du hast's in Händen, kannst alles wenden,
wie nur heißen mag die Not.
Drum wir dich ehren, dein Lob vermehren
mit hellem Schalle, freuen uns alle
zu dieser Stunde. Halleluja.
Wir jubilieren und triumphieren,
lieben und loben dein Macht dort droben
mit Herz und Munde. Halleluja.

Evangelisches Gesangbuch, Nr. 398

Wie ein Echo dieses Liedes klingt die Nachdichtung von Psalm 126 des Kabarettisten Hanns Dieter Hüsch (1925–2005), einem Protestanten vom Niederrhein. Hüsch war kein Comedian, wie man sie heute massenhaft kennt, sondern ein tiefsinniger Kabarettist, dessen Humor von einer tiefen Liebe zu den Menschen mit all ihren Schwächen und Unzulänglichkeiten bestimmt war. Eben das unterscheidet ihn von heutigen Comedians, deren Ironie und beißender Spott nicht selten mit Verachtung für die gepaart ist, über die sie ihre Witze reißen. Hüschs tiefgründiger Humor, der nicht nur über andere, sondern auch über sich selbst mit einem liebevollen Blick auf die Menschen lachen konnte, findet in der heutigen Unterhaltungsbranche kaum seinesgleichen.

Der dänische Philosoph Sören Kierkegaard (1813–1855) hat den Humor als Inkognito des Religiösen bezeichnet. Im Humor teilt sich der Glaube auf indirekte Weise mit, gewissermaßen zwischen den Zeilen. Das galt auch für Hüschs Kabarett. Sein Humor war das Inkognito seines Glaubens, der eben auch dort zum Vorschein kam, wo er nicht auf launige oder auch zu Herzen gehende Weise ganz unironisch von seinem Glauben sprach.

Hüsch hat etliche Psalmen nachgedichtet und neu geschrieben. Der 126. Psalm war für ihn ein Schlüsseltext. Geben wir ihm das Schlusswort. Hier seine Nachdichtung:[9]

Ich bin vergnügt
erlöst
befreit
Gott nahm in seine Hände
Meine Zeit
Mein Fühlen Denken
Hören Sagen
Mein Triumphieren

[9] Aus: Hanns Dieter Hüsch / Uwe Seidel, Ich stehe unter Gottes Schutz. Psalmen für Alletage, Düsseldorf [10]2007, S. 140.

Und Verzagen
Das Elend
Und die Zärtlichkeit

Was macht dass ich so fröhlich bin
In meinem kleinen Reich
Ich sing und tanze her und hin
Vom Kindbett bis zur Leich

Was macht dass ich so furchtlos bin
An vielen dunklen Tagen
Es kommt ein Geist in meinen Sinn
Will mich durchs Leben tragen

Was macht dass ich so unbeschwert
Und mich kein Trübsinn hält
Weil mich mein Gott das Lachen lehrt
Wohl über alle Welt

Anhang: Basistexte des Glaubens

Aus Glauben leben

Ich schäme mich des Evangeliums nicht; denn es ist eine Kraft Gottes, die selig macht alle, die glauben, die Juden zuerst und ebenso die Griechen. Denn darin wird offenbart die Gerechtigkeit, die vor Gott gilt, welche kommt aus Glauben in Glauben; wie geschrieben steht (Habakuk 2,4): »Der Gerechte wird aus Glauben leben.«

(Paulus, Römer 1,16–17)

Das Apostolische Glaubensbekenntnis

Ich glaube an Gott, den Vater, den Allmächtigen,
den Schöpfer des Himmels und der Erde.
Und an Jesus Christus,
seinen eingeborenen Sohn, unsern Herrn,
empfangen durch den Heiligen Geist,
geboren von der Jungfrau Maria,
gelitten unter Pontius Pilatus,
gekreuzigt, gestorben und begraben,
hinabgestiegen in das Reich des Todes,
am dritten Tage auferstanden von den Toten,
aufgefahren in den Himmel;

er sitzt zur Rechten Gottes, des allmächtigen Vaters;
von dort wird er kommen,
zu richten die Lebenden und die Toten.
Ich glaube an den Heiligen Geist,
die heilige christliche Kirche,
Gemeinschaft der Heiligen,
Vergebung der Sünden,
Auferstehung der Toten
und das ewige Leben. Amen.

Das Doppelgebot der Liebe

Als ihn ein jüdischer Lehrer der Tora fragte, welches das höchste Gebot sei, gab Jesus zur Antwort:

»Du sollst den Herrn, deinen Gott, lieben von ganzem Herzen, von ganzer Seele und von ganzem Gemüt.« (5. Mose 6,5) Dies ist das höchste und erste Gebot. Das andere aber ist dem gleich: »Du sollst deinen Nächsten lieben wie dich selbst.« (3. Mose 19,18) In diesen beiden Geboten hängt das ganze Gesetz und die Propheten.

(Matthäus 22,37–40)

Die Zehn Gebote nach Martin Luther

Das erste Gebot
Ich bin der Herr, dein Gott. Du sollst nicht andere Götter haben neben mir.

Das zweite Gebot
Du sollst den Namen des Herrn, deines Gottes, nicht unnütz gebrauchen; denn der Herr wird den nicht ungestraft lassen, der seinen Namen missbraucht.

Das dritte Gebot
Du sollst den Feiertag heiligen.

Das vierte Gebot
Du sollst deinen Vater und deine Mutter ehren, auf dass dir's wohlgehe und du lange lebest auf Erden.

Das fünfte Gebot
Du sollst nicht töten.

Das sechste Gebot
Du sollst nicht ehebrechen.

Das siebente Gebot
Du sollst nicht stehlen.

Das achte Gebot
Du sollst nicht falsch Zeugnis reden wider deinen Nächsten.

Das neunte Gebot
Du sollst nicht begehren deines Nächsten Haus.

Das zehnte Gebot
Du sollst nicht begehren deines Nächsten Weib, Knecht, Magd, Vieh noch alles, was sein ist.

Was sagt nun Gott zu diesen Geboten allen?
Er sagt so: Ich der Herr, dein Gott, bin ein eifernder Gott, der an denen, die mich hassen, die Sünde der Väter heimsucht bis zu den Kindern im dritten und vierten Glied; aber denen, die mich lieben und meine Gebote halten, tue ich wohl bis in tausend Glied.

(Martin Luther, Kleiner Katechismus, 1529;
Vgl. 2. Mose 20,2–17; 5. Mose 5,6–21)

Das Hohelied der Liebe

Wenn ich mit Menschen- und mit Engelzungen redete und hätte der Liebe nicht, so wäre ich ein tönendes Erz oder eine klingende Schelle. Und wenn ich prophetisch reden könnte und wüsste alle Geheimnisse und alle Erkenntnis und hätte allen Glauben, sodass ich Berge versetzen könnte, und hätte der Liebe nicht, so wäre ich nichts. Und wenn ich alle meine

Habe den Armen gäbe und meinen Leib dahingäbe, mich zu rühmen, und hätte der Liebe nicht, so wäre mir's nichts nütze.

Die Liebe ist langmütig und freundlich, die Liebe eifert nicht, die Liebe treibt nicht Mutwillen, sie bläht sich nicht auf, sie verhält sich nicht ungehörig, sie sucht nicht das Ihre, sie lässt sich nicht erbittern, sie rechnet das Böse nicht zu, sie freut sich nicht über die Ungerechtigkeit, sie freut sich aber an der Wahrheit; sie erträgt alles, sie glaubt alles, sie hofft alles, sie duldet alles.

Die Liebe höret nimmer auf, wo doch das prophetische Reden aufhören wird und das Zungenreden aufhören wird und die Erkenntnis aufhören wird. Denn unser Wissen ist Stückwerk und unser prophetisches Reden ist Stückwerk. Wenn aber kommen wird das Vollkommene, so wird das Stückwerk aufhören.

Als ich ein Kind war, da redete ich wie ein Kind und dachte wie ein Kind und war klug wie ein Kind; als ich aber ein Mann wurde, tat ich ab, was kindlich war. Wir sehen jetzt durch einen Spiegel in einem dunklen Bild; dann aber von Angesicht zu Angesicht. Jetzt erkenne ich stückweise; dann aber werde ich erkennen, gleichwie ich erkannt bin.

Nun aber bleiben Glaube, Hoffnung, Liebe, diese drei; aber die Liebe ist die größte unter ihnen.

(Paulus, 1. Korinther 13)

Das Vaterunser

Vater unser im Himmel.
Geheiligt werde dein Name.
Dein Reich komme.
Dein Wille geschehe,
wie im Himmel, so auf Erden.
Unser tägliches Brot gib uns heute.
Und vergib uns unsere Schuld,
wie auch wir vergeben unsern Schuldigern.
Und führe uns nicht in Versuchung,
sondern erlöse uns von dem Bösen.
Denn dein ist das Reich und die Kraft
und die Herrlichkeit in Ewigkeit.
Amen.

Psalm 23

Der HERR ist mein Hirte, mir wird nichts mangeln.
Er weidet mich auf einer grünen Aue und führet mich zum frischen Wasser.
Er erquicket meine Seele. Er führet mich auf rechter Straße um seines Namens willen.
Und ob ich schon wanderte im finstern Tal, fürchte ich kein Unglück;
denn du bist bei mir, dein Stecken und Stab trösten mich.
Du bereitest vor mir einen Tisch im Angesicht meiner Feinde.
Du salbest mein Haupt mit Öl und schenkest mir voll ein.

Gutes und Barmherzigkeit werden mir folgen mein Leben lang,
und ich werde bleiben im Hause des HERRN immerdar.

Psalm 51,12–14

Schaffe in mir, Gott, ein reines Herz
und gib mir einen neuen, beständigen Geist.
Verwirf mich nicht von deinem Angesicht,
und nimm deinen heiligen Geist nicht von mir.
Erfreue mich wieder mit deiner Hilfe,
und mit einem willigen Geist rüste mich aus.

Die Seligpreisungen

Selig sind, die da geistlich arm sind; denn ihrer ist das Himmelreich.
Selig sind, die da Leid tragen; denn sie sollen getröstet werden.
Selig sind die Sanftmütigen; denn sie werden das Erdreich besitzen.
Selig sind, die da hungert und dürstet nach der Gerechtigkeit; denn sie sollen satt werden.
Selig sind die Barmherzigen; denn sie werden Barmherzigkeit erlangen.
Selig sind, die reinen Herzens sind; denn sie werden Gott schauen.
Selig sind, die Frieden stiften; denn sie werden Gottes Kinder heißen.

Selig sind, die um der Gerechtigkeit willen verfolgt werden; denn ihrer ist das Himmelreich. Selig seid ihr, wenn euch die Menschen um meinetwillen schmähen und verfolgen und allerlei Böses gegen euch reden und dabei lügen. Seid fröhlich und jubelt; es wird euch im Himmel reichlich belohnt werden. Denn ebenso haben sie verfolgt die Propheten, die vor euch gewesen sind.

(Matthäus 5,3–12)